100 jours pour changer ma boite

Les KOANS de la sagesse stratégique

Louis GAMBINO

Sommaire

A qui s'adresse ce livre ?

A tous ceux qui sont confrontés à l'angoisse de la prise de décision : Indépendants, entrepreneurs, dirigeants d'entreprise ou de département ou encore responsables d'une équipe.

Tout dirigeant, tout décideur est constamment taraudé par la question fatidique:

Est-ce que je fais bien?

Et inévitablement cette question génère d'autres questions puis des doutes, puis des pensées négatives:

N'existe-t-il pas des méthodes que je ne connais pas? Comment font les autres qui réussissent si bien? Il doit sûrement me manquer des clés? Et si j'étais nul? Oui, c'est ça, je suis probablement nul puisque je n'ai pas aussi bien réussi que machin, que je n'ai pas la même rentabilité que bidule, que je ne passe pas à la télé comme trucmuche....

Vous vous reconnaissez dans ce processus? Si vous êtes un (ou une évidemment) entrepreneur, un dirigeant, en clair, quelqu'un dont le job est de prendre des décisions et de les assumer, forcément, vous êtes, passé par là. Partiellement ou complètement ou encore par périodes, mais inévitablement vous avez douté, eu peur, et surtout cru que les autres faisaient mieux, au terme de cette séquence terrible.

Alors ce livre est pour vous, dans ce pays où règne la non décision et surtout la non responsabilité, vous faites partie de ceux qui se mouillent, au péril de leur confort mental, de leur tranquillité, de leur vie de famille et de leur patrimoine parfois.

Ce livre est là pour vous dire que vous n'êtes pas tous seuls dans cette angoisse de la bonne décision et qu'en réalité nous sommes tous concernés, y compris ceux que l'on croit être les meilleurs.

Je suis souvent effaré par la modestie des dirigeants (là, je flatte) qui est en fait de l'incertitude et de la peur chronique (là, je flingue). Depuis la micro entreprise jusqu'à la multinationale, ce qui relie les dirigeants c'est qu'ils doivent prendre des décisions et les assumer, dans la plus profonde des solitudes. Même celui qui a, à sa disposition des armées de cadres, de consultants et des associés, doit à un moment donné prendre position avec des contraintes, des risques, pour se projeter dans les abîmes d'un avenir totalement incertain.

Un artisan qui risque 20 000 € sur une décision d'achat d'un nouveau véhicule le fait avec une intensité émotionnelle aussi forte voire plus importante qu'un président de multinationale qui décide de céder une filiale pour 180 Millions d'euros. Ils sont strictement égaux dans l'intimité de la décision, dans le doute quant à l'issue fatale ou glorieuse de leur acte, dans la crainte d'être jugés, dans la terreur du "plantus"...

Alors pour éviter le pire, le dirigeant commence un long périple à la recherche de **LA** vérité. Il se jette désespérément dans tous les livres de management plus ou moins généraux, plus ou moins focalisés, à la recherche de la bonne méthode, du bon outil, du concept magique. Il s'inscrit à toutes sortes de séminaires, de formations, il dévore les articles savants dans les revues économiques, il boit les paroles de gourous ou consultants en vue....Et au bout, il retrouve encore et encore, la solitude du décideur. A cette multitude, à ces cohortes de dirigeants angoissés par la peur de ne pas être à la hauteur, ou de ne pas l'être autant que les autres (qui sont forcément bons) je voudrais dire, rassurez vous! Les autres, que vous pensez être meilleurs, se posent en fait, exactement les mêmes questions que vous.

Mais qui suis-je pour avoir connaissance de ce "secret" si bien gardé?

L'un des vôtres, tout simplement, mais pas seulement. Dirigeant, certes je le suis depuis près de 30 ans, mais j'exerce mon sacerdoce dans une activité bien particulière qui me donne la chance inouïe de voir les autres à l'œuvre ; je suis consultant en stratégie et marketing. Ce métier m'a donné le privilège extraordinaire d'entrer dans l'intimité de centaines de dirigeants d'entreprises de toutes tailles (sauf les multinationales) et de tous secteurs d'activité.

Pourquoi ce livre?

Pour vous restituer ce que j'ai eu la chance d'apprendre au contact de ces centaines de héros souvent anonymes. Parce qu'au cours de mes 27 années de consulting, dans une relation où il est souvent admis de façon implicite que c'est le consultant qui a le savoir et le dirigeant qui en profite, je dois confesser que les choses se passent tout autrement. Chaque dirigeant possède sa part de sagesse et de vérité. La question est de savoir si cette part est suffisante pour le conduire vers le succès, ou en tout cas, vers l'atteinte de ses propres objectifs. Finalement, la sagesse stratégique est diffuse, et le paradoxe du métier de consultant c'est qu'on a l'immense privilège de se trouver dans une position qui permet de capter cette connaissance présente en suspension dans l'éther, sans toutefois jamais pouvoir s'en servir puisque c'est l'entreprise et non le consultant qui conduit la stratégie définie. Il est d'ailleurs probablement illusoire de penser qu'on pourrait bâtir un quelconque système de pensée stratégique infaillible en compilant cette matière captée grâce à notre vision transversale. Il n'en reste pas moins que cette matière constitue une richesse incroyable et qu'il serait dommage, voire criminel de ne pas chercher à l'utiliser et la partager, ne serait ce que partiellement. C'est donc à un exercice forcément imparfait (et peut-être vain?) que je me livre là.
Tel le confesseur qui connait toutes les turpitudes de ses paroissiens sans pouvoir les divulguer, le consultant voit les interrogations, les difficultés, les peines, les douleurs des dirigeants (qu'ils soient performants ou non) et ne peut pas plus les divulguer. Mais il voit aussi leurs éclairs de génie, de courage, d'intelligence. Alors pourquoi ne pas les partager?
Formaliser la sagesse collective à laquelle j'ai assisté, et à laquelle je continue d'assister quotidiennement est probablement une quête sans issue, mais comment se résoudre au gâchis que constituerait la non divulgation de cette vérité? Alors, même si seulement quelques miettes de cette sagesse peuvent profiter à mes lecteurs, ce livre n'aura pas été vain.

Comment utiliser ce livre?

La façon dont j'ai structuré ce livre tient aux leçons de vie que m'ont données mes différents clients au fil des années. Après être passé par le formatage d'une grande école de commerce, je croyais en effet que la vérité était dans les concepts et la science stratégique enseignés dans ces temples du management. Mais au fil du temps, au contact rugueux avec une réalité têtue, j'ai bien dû me rendre à l'évidence: La sagesse stratégique, la vérité stratégique ne sont pas dans les écoles de commerce, dans les livres de management ou dans la bouche des professeurs et consultants aussi prestigieux soient-ils. Alors je vois d'ici les détracteurs de l'enseignement supérieur et des approches conceptuelles se délecter en pensant, que je vais systématiquement torpiller l'intelligentsia managériale pour encenser les valeurs opérationnelles, le pragmatisme, le concret. Ceux là seront déçus, car si je réfute aux grandes écoles le monopole de la pertinence stratégique et décisionnelle, je ne leur enlève rien de leur intérêt et je leur rends hommage, assumant ainsi mon passé d'étudiant et mon présent d'intervenant. En navigant en permanence entre le conceptuel et le concret, j'ai fini par comprendre, qu'il était inutile de choisir et que la meilleure voie était celle du dosage subtil entre ces deux approches, dans des proportions uniques à chaque individu, chaque entreprise, chaque contexte. La voie du milieu aurait dit Bouddha.

100 Jours pour changer ma boite!
Les KOANS de la sagesse stratégique

4

Il en va de la stratégie d'entreprise et du management comme de toute discipline. De même que dans la musique, on peut accéder à la grâce, voire à la quasi perfection soit par le solfège (une intellectualisation de la chose passant par l'écrit) soit par la pratique intuitive, quasi bestiale (fusion avec le rythme et l'instrument), il existe une infinité de voies pour atteindre la sagesse stratégique et managériale.

C'est pourquoi, ce livre ne se veut absolument pas un manuel de stratégie ou de management, mais une invitation à la réflexion sur votre entreprise, vos pratiques. Chacun y puisera ce qui l'intéresse, et pourra y revenir quand bon lui semble, au gré de ses interrogations, en fonction des événements…

Les solutions? Vous les trouvez tous seuls comme le jeune moine zen les trouve au gré des KOANS que lui soumet son maître.

Qui n'a pas en mémoire, je jeune "scarabée" face à Maître PO dans la série "Kung Fu" ou le jeune Skywalker face à Maître YODA dans la saga Star wars? Tous deux accèdent à la connaissance par eux même grâce aux KOANS exprimés par le maître. Le KOAN est une question, une phrase courte que le maître assène à son élève non pas pour lui révéler directement la vérité, mais pour le conduire vers cette vérité au travers de sa propre réflexion. C'est cette démarche que je vous propose, persuadé par mes longues années au contact de toutes sortes de décideurs, que l'essentiel de ce dont vous avez besoin est déjà en vous, et qu'il suffit d'une petite sollicitation pour vous mettre en marche.

Alors, à vous de choisir. Soit la démarche cartésienne habituelle, soit la ballade de l'esprit au gré des sollicitations provoquées par les KOANS du maître Zen. Qu'il soit bien clair, que je ne prétends aucunement être ce maitre, je ne suis que le prophète (au sens modeste de témoin ou révélateur) d'une vérité qui me dépasse et qui s'étale quotidiennement sous mes yeux. Le consultant moderne est au management ce que le troubadour était à la société médiévale. Il va et il vient, raconte ici ce qu'il a vu là, et apporte à chaque passage sa petite touche de créativité.

Laissez la petite musique de chaque maxime (KOAN) cheminer en vous. Dégustez là, mâchonnez là et laissez faire votre esprit. Au bout du chemin (dans 100 jours) il serait étonnant que vous n'ayez pas changé quelque chose dans votre entreprise et dans votre vision de son environnement, de ses potentialités.

Pour les tenants d'une rigueur toute cartésienne, reportez vous au dernier chapitre du livre où une remise en ordre est proposée. Tous les KOANS y sont classés par grands thèmes, ce qui vous permettra si vous le souhaitez, de les découvrir dans une approche plus structurée, comme le ferait un "bon" bouquin de stratégie. Par ailleurs, notez qu'à la fin de chaque KOAN est indiquée sa catégorie d'appartenance (Stratégie, Perso dirigeant, Marketing/ventes, Organisation, Innovation, Gestion/Finances, RH).

Les deux approches ne sont pas antagonistes, et pour tout dire, elles me semblent aujourd'hui totalement complémentaires, tant elles se rejoignent à la fin. Adepte enthousiaste de la rigueur, de la planification, de l'hyper structuration à mes débuts, j'ai fini par comprendre avec l'expérience, qu'on ne fait pas boire un âne qui n'a pas soif. Pardon pour l'âne, mais c'est l'expression populaire qui est comme ça… J'ai rencontré tant de dirigeants qui se refusaient obstinément à toute démarche structurée globale, mais qui pourtant parvenaient à des résultats plus qu'intéressants. Avec ceux là il est inutile d'aborder la question stratégique par DESCARTES, on perd son temps. Il faut donc entrer dans la valse à leur rythme, dans leurs pas, c'est-à-dire, souvent sur des questions ponctuelles ou opérationnelles. Mais à force d'enfiler les sujets ponctuels comme autant de perles d'un chapelet, la lumière divine finit par faire son apparition, et alors, dans une allégorie digne d'une peinture de Michel Ange, la vérité stratégique se révèle soudain, pure, nue, dans toute sa splendeur. Alors, seulement alors, on peut la décrire globalement, "par le haut", par l'approche structurée et cartésienne enseignée dans les manuels et les écoles de commerce. Tous les chakras sont ouverts et le dirigeant, pragmatique impénitent, peut maintenant accepter d'entendre la divine "vérité structurante"!

100 Jours pour changer ma boite!
Les KOANS de la sagesse stratégique

5

Vous êtes donc libres de prendre les 100 KOANS, comme ils viennent (rassurez vous, leur ordre n'a aucun sens caché ; seuls les trois premiers me semblent difficiles à déplacer), ou de les découvrir en suivant le chemin hyper balisé du plan "classique".

Laissez les idées cheminer et faire des petits dans votre esprit. Remémorez-vous le KOAN du jour, dans la voiture, en réunion, à table ou sous la douche. **C'est vous qui ferez la différence et apporterez la vraie valeur ajoutée!** Je n'ai aucune inquiétude sur la capacité de chacun d'entre vous à digérer (au sens propre, c'est-à-dire en les modifiant et les assimilant) tous les principes invoqués dans cet ouvrage. Non pas parce que vous seriez géniaux, mais tout simplement parce que **vous êtes des décideurs** et donc quotidiennement confrontés à toutes ces questions et que vous en avez une connaissance par imprégnation. Enfin, vous constaterez aussi que certains sujets se répètent sous des formes différentes ; sachez que c'est volontaire car telle est la réalité.

Un peu de distance et d'humour

Vous constaterez aussi que j'essaie de ne pas prendre toutes ces choses trop au sérieux en posant parfois un regard décalé sur des sujets, des concepts, certes très importants, mais qui finalement ne constituent pas l'essentiel. L'essentiel est dans l'esprit et dans le cœur des dirigeants, dans leur vision de leur entreprise et de la place qu'ils veulent lui donner, sur le marché comme dans la société. Tout le reste, c'est de l'intendance, alors on peut en rire.

A tous les dirigeants qui m'ont inspiré

Le mystère de la réussite entrepreneuriale m'a toujours fasciné. Et je suis obligé d'admettre, après une trentaine d'années à étudier et observer cette matière, qu'il est difficile de trouver une corrélation très nette entre le succès et la mise en œuvre des approches "académiques" enseignées dans les manuels et sensées produire la réussite. J'ai vu de magnifiques réussites portées par de véritables "sagouins" en termes d'organisation, de management, de stratégie (au sens des manuels). A l'opposé, j'ai vu tant d'échecs ou de situations médiocres portées par des individus brillants maitrisant tous les standards de la réflexion stratégique, du marketing du management...Et bien entendu une multitude de variantes entre ces deux extrêmes. Alors tout ce que je sais, tout ce qui est contenu dans ce modeste ouvrage, je l'ai appris au contact de mes clients, ces centaines de dirigeants, d'entrepreneurs qui m'ont montré sans me le dire, et sans le savoir parfois, quelles étaient les voies de la sagesse stratégique et managériale. Qu'ils en soient chaleureusement remerciés!

Et maintenant?

Que se passe-t-il si on essaie de tout appliquer à la lettre?
Une mort certaine de l'entreprise par indigestion et le risque de graves désordres mentaux pour le dirigeant.
Eh bien, à vous de jouer. Prenez chaque KOAN comme une invitation à la réflexion, une invitation au voyage dans l'imaginaire personnel que suscite votre entreprise. Puis passez à l'action, tentez, expérimentez, sur les sujets que vous sentez le mieux ou qui vous tiennent le plus à cœur. Ce livre ne

doit pas vous générer un stress supplémentaire, au contraire. Il doit vous aider à prendre du recul, à démystifier vos problèmes et même à vous en amuser autant que possible.

Alors, comme on dit aujourd'hui, "ne vous prenez pas trop la tête" et savourez pleinement votre bonheur d'entrepreneur!

Les 100 KOANS de la sagesse stratégique

Voilà, nous y sommes. Vous avez maintenant devant vous 100 jours, au gré des 100 KOANS proposés pour réfléchir à votre entreprise et à votre façon de la gérer. 100 jours pour expérimenter de nouvelles idées, une nouvelle façon de penser, mais aussi, 100 jours pour vous apercevoir que vous n'êtes pas seul, que beaucoup d'autres dirigeants (je devrais dire tous les autres dirigeants) sont passés par les mêmes doutes, les mêmes questionnements que vous.

Bien entendu, rien ne vous empêche de lire plusieurs KOANS d'un coup, ou inversement de rester plusieurs jours sur le même. Mais tout de même, la symbolique des 100 jours n'est pas neutre et si je peux vous donner un conseil c'est de vous prêter à ce jeu. Ce que vous pouvez faire également si vous aimez lire vite c'est avaler la totalité du livre afin d'avoir une vision d'ensemble pour, ensuite reprendre chaque KOAN, un par jour et passer cette journée en pensant à ce KOAN.

Par ailleurs, nul doute que si un KOAN vous conduit à apporter des changements dans votre entreprise ou dans votre pratique managériale, cela vous prendra plus d'un jour à mettre en œuvre.

Au final, c'est vous qui décidez.

"Pour commencer, ton premier cercle tu constitueras"

Nul ne peut analyser, raisonner, décider et encore moins agir, seul. Même les indécrottables individualistes que sont les consultants (et je sais de quoi je parle) finissent par comprendre (parfois sans l'avouer) qu'on ne peut définir une bonne stratégie sans échange.

Mais une fois le principe posé, aucune règle ne doit vous entraver. En clair, nous ne sommes pas ici en train de parler de structures de gouvernance, de comités de direction, de directoires, de revues de direction ou que sais-je. Ce dont il est question c'est la constitution (formelle ou non) d'un groupe de personnes (permanent ou non) que vous prendrez l'habitude de consulter, de solliciter, préalablement à chacune de vos prises de décision importantes.

A vous de choisir
Puisez dans votre entreprise: Cadre supérieur, contremaitre, ouvrier, employé,
Puisez dans vos relations professionnelles : Client, fournisseur, expert comptable, banquier (non, pas lui !), partenaire extérieur (Chambres consulaires…)
Puisez dans votre vivier personnel : épouse, époux, cousin, frère, beau frère, camarade de sport, ami d'enfance…

La liste est sans fin. Ce qui importe c'est de choisir des personnes en lesquelles vous avez une grande confiance et pour lesquelles votre estime est importante.

J'ai vu des dirigeants introduire dans leur premier cercle des personnes incompétentes en matière de gestion d'entreprise, mais dont l'avis décalé, la vision différente étaient précieuses pour la formation des idées et des décisions du chef d'entreprise.

Je connais des entreprises où le premier cercle est défini, connu de tous, a un nom, se réunit à date régulière, fait des comptes rendus…et j'en connais d'autres où rien de cela n'existe, mais où, pour autant, le dirigeant a bien son premier cercle constitué. Je connais aussi des entreprises où, en complément d'un premier cercle visible, connu de tous (un comité de direction par exemple), viennent se greffer des personnes, inconnues des autres, et consultées séparément (une sorte de "shadow cabinet").

Vous l'aurez compris, en la matière il n'y a pas de règle si ce n'est la nécessité absolue de rompre son isolement. Chaque dirigeant doit avoir son "Think-Tank" à disposition.

Alors qu'en est-il pour vous? Existe-t-il un réseau, un groupe de personnes auxquelles vous pouvez soumettre les questions qui vous taraudent, auprès desquelles vous pouvez laisser un peu tomber le masque et avouer vos interrogations, voire vos détresses? Avez-vous un "laboratoire d'idées" qui vous permette de tester des hypothèses, recueillir des réactions?
Si ce n'est pas le cas songez y tout de suite quelle que soit la taille de votre entreprise et testez la démarche !

STRATEGIE

100 Jours pour changer ma boite!
Les KOANS de la sagesse stratégique

8

"Tes propres valeurs en priorité tu identifieras"

Il est frappant de constater à quel point, les analyses stratégiques aussi sophistiquées soient elles, peuvent être inopérantes et balayées d'un revers de main, tant qu'on n'a pas compris ce qui était ancré au plus profond du cerveau du dirigeant. Je me demande même si on ne devrait pas parler du cœur plutôt que du cerveau. Prenons les deux, on aura moins de risques de se tromper.

Si on exclut les grandes multinationales détenues par des fonds eux même gérés par des personnes qui n'ont aucune implication dans l'entreprise (et souvent strictement aucun intérêt pour ce qui s'y fait), et qu'on s'intéresse donc à l'immense majorité des entreprises, gérées par des individus fortement impliqués (a titre financier, affectif,...), on s'aperçoit en effet, que l'essentiel des décisions stratégiques est le fruit d'une "confrontation", comparaison, entre des données objectives d'une part (marchés, tendance, concurrents, forces/faiblesses) et d'autre part, toute une série de données, de considérations extrêmement difficiles à identifier, à qualifier et même à nommer.
Doit-on parler d'affect, de psychologie, de valeurs intimes...?
Une chose est sûre, les décisions stratégiques étant fortement dépendantes de données personnelles intimes des dirigeants, il n'est pas possible de définir correctement une stratégie tant que ces données n'ont pas été mises à plat, tirées au clair.
Pour le conseil que je suis, cela pose évidemment problème. Ce travail relève-t-il du consultant, du confident, du psychanalyste ou encore du prêtre...?
J'ai connu tant d'entreprises qui prenaient des décisions inadaptées si on les analyse avec un grille de lecture "classique", objective, et finalement très sages et pertinentes une fois qu'on obtient le "code de déchiffrage" que constitue le système de valeurs du dirigeant. Et c'est bien cela qui fait la grandeur de l'entreprise, ainsi que son utilité sociale.
Si cela n'était pas vrai, toutes les entreprises seraient situées dans des ports ou en bordure d'autoroute à proximité de grandes agglomérations. Mais aucune, au fin fond d'une vallée d'Ariège ou au milieu des champs en Alsace.
Si cela n'était pas vrai, aucune entreprise ne conserverait dans sa gamme, des produits à faible rentabilité au prétexte que cela maintient cinq emplois difficiles à reclasser.
Derrière ces incohérences ou fautes de gestion supposées, il y a toujours un système de valeurs, qui peut bien sûr s'exprimer de façon très variée (maintenir l'emploi dans sa vallée natale, voir des gens qu'on connait s'épanouir et développer de nouvelles compétences, faire travailler des confrères...).
Nous avons là quelques exemples positifs, mais bien évidemment, le système de valeurs du dirigeant peut aussi constituer un frein terrible au développement de son entreprise. Je croise à longueur d'année des entreprises qui remplissent objectivement toutes les conditions pour se développer mais qui ne le font pas. Tel dirigeant ne saisira pas l'opportunité du siècle à l'exportation car il ne maitrise pas l'Anglais (ce qui n'est pas si grave) et a peur que le contrôle lui échappe s'il recrute une ressource adaptée (ce qui est plus grave). Tel autre freinera son développement pour ne pas franchir les seuils sociaux...
Je pourrai écrire un livre entier d'exemples de ce type, mais là n'est pas mon propos. En outre, je me garderai bien de porter le moindre jugement de valeur sur ces décisions ou non décisions. Je ne fais que constater le poids déterminant et même décisif de considérations liées aux valeurs intimes du dirigeant.

Et vous, quelles sont vos valeurs fondamentales, celles qui sous-tendent votre action? Tant que vous n'aurez pas pris la peine de les mettre à jour (elles sont parfois un peu cachées), de les objectiver, de les regarder en face, vos décisions stratégiques n'auront pas la vigueur et la légitimité nécessaires.
A vous de décider si vous avez besoin de faire ce travail seul, d'en parler avec un ami, un consultant ou qui que ce soit.
Soyez juste certain(e) que sans ce socle préalable, toute l'énergie que vous dépenserez dans des analyses stratégiques de tout poil sera pure perte.
Alors au travail!

STRATEGIE

100 Jours pour changer ma boite!
Les KOANS de la sagesse stratégique

9

"Ton terrain de jeu du définiras"

Je ne me lasserai jamais de répéter l'une des phrases les plus emblématiques du pape du Marketing, Philip Kotler: "What's your battle field?". Quel est votre champ de bataille?

Lorsqu'on assène cette phrase à des étudiants dans un amphithéâtre d'école de commerce on ne se rend pas compte à quel point elle peut avoir un sens profond et une puissance salutaire une fois située dans un cadre réel d'entreprise.

Ces cinq mots constituent un nectar de sagesse et de savoir faire stratégique. Du pur concentré. Ils résument à eux seuls l'essentiel de la démarche de réflexion stratégique.

Il est illusoire de croire que l'essentiel pour la définition d'une stratégie performante est la mise en place d'une analyse approfondie, sophistiquée de l'entreprise et de son environnement, à grand coups de d'audits internes, d'analyses de tendance, de veilles concurrentielles...Bien sûr ces données sont utiles et importantes et je suis le premier à en préconiser l'usage. Mais si elles sont nécessaires, elles ne sont absolument pas suffisantes, et souvent, ne constituent pas l'essentiel.

L'essentiel c'est l'adéquation entre ce qu'est l'entreprise et le terrain de jeu sur lequel elle se trouve. Or le meilleur moyen de se trouver sur un terrain de jeu favorable c'est de le définir soi même. Je n'invente rien, et les promoteurs du concept d'océan bleu ou rouge non plus. Kotler y avait pensé avant. Et certainement d'autres avant lui.

Finalement, que nous dit Kotler?

Que si on veut jouer au hockey sur glace, il ne faut pas se présenter sur le terrain avec des palmes et un tuba. Et même si cela ressemble à un trait d'humour, je vous garantis que beaucoup d'entreprises essaient de jouer au hockey sur glace avec des palmes et un tuba ou avec je ne sais quel autre équipement totalement inadapté. Elles sont d'ailleurs souvent persuadées qu'elles vont gagner le match parce qu'elles ont les meilleures palmes et le meilleur tuba payés à prix d'or!

Mais à la différence d'une pratique sportive, la magie de la stratégie d'entreprise c'est qu'on peut changer les choses, soit en essayant de troquer ses palmes et son tuba contre des patins et une crosse, soit en changeant la patinoire en piscine. A vous de choisir ce qui sera à votre portée, ou le plus profitable. Et si ni l'un ni l'autre n'est possible c'est que vous êtes peut-être dans une impasse stratégique et qu'il est temps de passer à autre chose (vendre, déposer le bilan, changer de secteur, redimensionner...) et d'en parler à votre premier cercle.

Posez vous un instant, asseyez vous au calme et essayez de bien définir votre champ de bataille actuel en termes géographiques, technologiques, de prestation de services...Demandez vous si ce champ de bataille vous est favorable. Dans la négative, interrogez vous sur vos possibilités de changement. Attention, on n'a pas la capacité de changer l'environnement, mais en revanche on peut redimensionner le champ de bataille en décidant de s'intéresser à tel ou tel aspect du marché.

J'ai en mémoire, le cas d'un dirigeant de PME dans le second œuvre du bâtiment, qui se positionnait systématiquement sur de gros appels d'offres face à des titans du secteur, sans aucune chance de succès, ce qui semblait insensé à priori. Il m'expliquait sa logique avec cette magnifique phrase: "je me couche au pied de la table des grands, et les miettes qui tombent suffisent largement à me rassasier". Dépourvu de toute formation à la stratégie, au marketing ou au management, ignorant l'existence de Philip Kotler ou de Michael Porter, il avait tout compris et appliquait avec merveille l'un des principes fondateurs de la stratégie d'entreprise. En répondant systématiquement face aux grands du secteur, il avait fini par acquérir une notoriété et une image fortes, tant auprès de ces leaders, que des clients du secteur. Il avait aussi très bien compris que dans le combat des titans, les uns se positionnent face aux autres pour des raisons d'occupation de terrain et que souvent, une fois les affaires gagnées, il existe toujours des sujets précis bien embarrassants car on manque des ressources ou du savoir faire liés à telle ou telle spécialité. Dans ce cas, et sachant qu'on ne va pas solliciter le concurrent de taille équivalente, qu'elle est la première solution qui vient à l'esprit? Cette petite entreprise téméraire, qui dispose du savoir faire et à laquelle on peut sous-traiter sans risque, compte tenu du rapport de taille.

Avez-vous pris le temps d'essayer de définir votre terrain de jeu actuel et surtout, votre terrain de jeu idéal? N'oubliez pas que cette définition peut porter selon les cas, sur de nombreuses dimensions: géographie, secteur d'activité, type de clientèle, technologie, type de services....

STRATEGIE

"De tes commerciaux les pieds tu baiseras"

Nous avons tous appris en "leçon d'histoire" que Saint Louis lavait les pieds de ses sujets. Pour autant, ce monarque nous était plutôt présenté comme un grand que comme un minable.

Il en est de même pour la relation que vous devez avoir avec vos commerciaux. En soi, reconnaitre leur importance, leur affecter des moyens, louer leurs résultats, n'ébranle en rien votre autorité et vous ne devez surtout pas vous en priver. C'est la façon de faire qui compte.

Mais avant d'aller plus loin, je voudrais dire à ceux qui, n'ayant pas de commerciaux, ne se sentent pas concernés par cette page : interrogez-vous sur la raison pour laquelle vous n'avez pas d'équipe commerciale.

Parmi les innombrables entreprises que j'ai côtoyées ces 30 dernières années toutes celles qui ont investi intelligemment dans la force de vente n'ont eu qu'à s'en féliciter.

Je précise bien, **in-telli-gem-ment**. Car bien évidemment j'ai assisté à de nombreux échecs en la matière d'autant plus que le sujet est particulièrement difficile à traiter.

Mais je persiste et signe: Une force de vente bien dimensionnée et bien en place est la meilleure chose qui puisse arriver à une entreprise.

A de rares exceptions près (entreprise sous capitalisée, activité individuelle) la question du bien fondé d'une équipe commerciale (même unipersonnelle) ne se pose pas. Ce qui est en jeu c'est le comment.

Je ne vais pas me lancer dans une présentation détaillée des bonnes règles de pilotage d'une équipe commerciale pour au moins trois raisons: ce n'est pas le propos de ce livre, il existe des ouvrages très complets sur le sujet et, surtout, chaque cas étant spécifique il faut adopter des méthodes et des outils qui peuvent fortement varier d'une entreprise à l'autre.

Je resterai donc au niveau des principes (même si d'autres maximes du livre complètent le sujet).

Ceux qui s'y sont frottés ne me contrediront pas ; le travail commercial est ingrat, physiquement fatigant et surtout, psychologiquement usant. Malgré les apparences, les commerciaux sont des gens fragiles qui méritent une attention particulière. Contrairement à n'importe quel autre travailleur qui fonctionne dans un environnement stable, défini, lui permettant de se ressourcer (on a son bureau, avec la photo de famille, sa petite cafetière, sa bouteille d'eau...), le commercial est toujours chez l'autre (sauf pour les commerciaux sédentaires). Si on prend une allusion sportive, il ne joue aucun match à domicile. C'est cette solitude face à l'adversité, ce côté "seul derrière les lignes ennemies" qui rend encore plus nécessaire un appui de la base, une reconnaissance de ceux pour qui le "combattant" sillonne le terrain. Offrez cette reconnaissance à vos équipes commerciales.

N'oubliez jamais que votre équipe commerciale c'est le chiffre d'affaires d'aujourd'hui **et surtout**, le chiffre d'affaires de **demain**.

Il ne s'agit évidemment pas de déifier les commerciaux car ce serait contre-productif, mais tout simplement de leur rendre grâce de ce qu'ils font et de se demander en permanence ce qui peut être entrepris pour leur donner encore plus l'envie et les moyens de performer. Toute proportion gardée, un commercial c'est un peu comme un athlète de haut niveau. Il tient entre ses mains un résultat potentiel qui dépend d'un empilement d'éléments (qualités individuelles, entrainement, préparation, équipement,...) au sommet desquels se trouvent la motivation et le mental. N'a-ton pas vu maintes fois la meilleure équipe sur le papier (en foot, rugby ou autre) échouer face à un adversaire théoriquement moyen, mais bien en place mentalement le jour du match? Dites vous que c'est la même chose pour vos équipes commerciales.

Observez les attentivement en permanence, analysez leurs comportements, leurs réactions, parlez leur et essayez de déceler quels sont les leviers de leur performance (je répète qu'ils sont différents d'une entreprise à l'autre, d'un contexte à l'autre). Et à chaque fois que vous identifierez une attente insatisfaite prenez le temps de vérifier si vous ne pourriez pas y répondre, même si elle est inhabituelle, incongrue. Dans l'immense majorité des cas, indépendamment de l'aspect financier qui est forcément très important, les attentes tournent autour d'une reconnaissance (qui peut prendre des formes très variées).

Aimez vos commerciaux, ils vous le rendront bien…. par des commandes!

MARKETING/VENTES

"A tes commerciaux le bâton tu donneras"

Ceux qui arrêteraient la lecture de ce livre à la maxime précédente pourraient penser qu'il n'est pas étonnant qu'un homme de Marketing préconise une attitude exagérément favorable aux commerciaux. Je vais m'empresser de corriger cette impression, en assumant totalement ce cinquième KOAN, beaucoup moins clément à leur égard.

Il n'y a rien de plus indiscipliné, contestataire et pour tout dire **pénible** qu'un commercial. Alors quand vous en avez plusieurs, une meute, il faut très vite leur montrer qui est le maître et quelles sont les règles.

Certains pourraient m'accuser maintenant de faire de "l'anti-commercialisme primaire" comme cela existe malheureusement dans beaucoup d'entreprises. Mais il n'en n'est rien ; relisez la maxime précédente. J'affirme à nouveau qu'une équipe commerciale est la meilleure chose qui puisse arriver à une entreprise à condition de s'assurer que ce ne sera pas la pire.

Le commercial est au management d'entreprise, ce que la nitroglycérine est au chimiste: une matière dangereuse et instable par nature, qu'il convient de considérer avec beaucoup de précautions.

Cette instabilité et cette dangerosité sont inhérentes à la fonction même. Le discipliné a vite fait de se laisser happer par le tourbillon de l'urgence et de l'hyperactivité. Le modeste ne tardera pas à basculer dans la fanfaronnade et le mépris des sédentaires s'il connait des réussites à répétition. Le nonchalant s'accommodera très vite de situations acquises permettant de passer en "mode roue libre"…

Ces archétypes comportementaux se trouvent en chacun de nous à l'état embryonnaire, et donc en chacun de vos commerciaux qui sont guettés en permanences par les démons de la "glandouille" ou du mauvais esprit.

C'est pour cela qu'un cadre strict s'impose: Une discipline et des règles précises accompagnées de sanctions proportionnées à la gravité des manquements.

Les meilleures forces de vente que j'ai pu côtoyer fonctionnent parfaitement dans de tels cadres, à condition que les règles soient bien définies préalablement et annoncées clairement. Rigueur et discipline, mais avec justice.

L'adage "qui aime bien châtie bien" est parfaitement compris par les commerciaux pour peu que le "aime bien" existe réellement.

N'hésitez donc pas à recadrer, à sanctionner vos commerciaux, car leurs éventuelles dérives sont naturelles et inhérentes à leur métier. Si ce n'est pas déjà fait, menez une réflexion sur la validité et le caractère équitable des règles que vous aurez mises en place afin que le "bras de la justice" puisse s'abattre sans contestation à chaque fois que nécessaire.

MARKETING/VENTES

"A ton comptable le bec tu cloueras "

Je vois d'ici le poil se hérisser sur l'épiderme des gestionnaires, financiers et auditeurs de toute espèce à la lecture de ce KOAN.

Mais je rappelle que le KOAN n'est pas une vérité absolue, c'est un début, une invitation à la réflexion… (lisez donc des ouvrages de maîtres Zen sur le sujet).

Les hommes (ou femmes) du chiffre sont souvent auréolés d'une légitimité disproportionnée liée au caractère précis (encore que…) et indiscutable (à voir…) de leurs productions.

Dans la PME ou la TPE, cette réalité devient parfois paralysante.

Je ne nourris, bien entendu, aucune animosité envers les comptables et financiers. Il faut simplement comprendre que comme les commerciaux (voir KOAN N°5) ils sont victimes de leur métier.

Lorsqu'on est tout entier tourné vers le constat méticuleux et la précision du 2° chiffre après la virgule, il faut avoir une sacré indépendance d'esprit pour raisonner en grandes masses et surtout, pour se projeter dans l'avenir autrement qu'en prolongeant des tendances passées.

"Gérer une entreprise en regardant son bilan et son compte de résultat c'est comme conduire une voiture en regardant dans le rétroviseur". C'est en substance ce qu'a dit un illustre penseur qui ne m'en voudra pas d'avoir oublié son nom et que je remercie profondément pour m'avoir démontré que je ne suis pas seul à penser ainsi.

La science du chiffre rend frileux et anesthésie les capacités de prise de risque qui font la particularité de l'entrepreneur.

Il est donc normal que votre comptable ou votre banquier (eux, on s'en occupera plus tard) freine vos ardeurs, dès que vous aurez des projets.

J'ai le souvenir d'un dirigeant d'entreprise qui pour se développer et, simultanément sortir de la dépendance d'un gros client, avait prévu de recruter un technico-commercial. Alors que l'affaire était entendue, le dirigeant s'est finalement rétracté, après en avoir parlé à son comptable. Lors d'un échange avec ce dernier, j'ai obtenu l'explication suivante: "cette entreprise ne peut pas se payer un commercial, son chiffre d'affaire est trop bas, mais dès qu'il aura augmenté on pourra alors y penser à nouveau"… On voit bien là le mécanisme intellectuel à l'œuvre : raisonnement à périmètre constant. J'aurais préféré qu'on me démontre que les fonds propres de l'entreprise ne pouvaient pas supporter une charge supplémentaire pendant la nécessaire période de montée en charge d'un commercial (ce qui n'était pas le cas dans cette entreprise qui avait des fonds propres et une trésorerie très confortables).

Bien entendu, ce cas est caricatural et je suis le premier à apprécier la collaboration avec des comptables ou experts financiers (et je rends ici hommage à mon experte comptable qui se reconnaitra). J'exhorte simplement les dirigeants à ne pas se laisser submerger par la logique du rétroviseur qui est parfaitement légitime dans l'esprit d'un comptable, mais frôle la faute professionnelle pour un patron.

Prenez ce dont vous avez besoin auprès des hommes du chiffres, mais ne leur abandonnez <u>jamais</u> votre pouvoir de décision, de projection et d'imagination.

GESTION FINANCES

100 Jours pour changer ma boite!
Les KOANS de la sagesse stratégique

13

"De l'assurance qualité, le meilleur tu puiseras"

Drôle d'invention que l'assurance qualité. C'est à la fois un formidable outil de progrès et en même temps un terrible vecteur d'aliénation. Mais laissons l'aliénation pour plus tard et concentrons-nous sur le bon côté des choses.

J'ai rencontré beaucoup d'entreprises, notamment dans la sous-traitance, qui se sont lancées dans des processus d'assurance qualité, contraintes et forcées par leurs clients donneurs d'ordres.

Force est de constater qu'à de rares exceptions près, passée la phase de "bougonnage" elles avouent toutes avoir tiré un réel profit de la démarche.

Les uns y ont trouvé un outil exceptionnel de clarification de leur organisation.

Les autres une occasion unique de nouer un dialogue constructif dans l'entreprise.

D'autres encore l'opportunité de canaliser les efforts, corriger les dérives grâce à la mise en place systématique d'indicateurs et de mesures de toute sorte...

Les vertus d'une démarche qualité sont donc innombrables.

Ce qui me semble très important en la matière c'est de bien distinguer la démarche qualité et une certification. Lorsque votre métier, vos clients, exigent la certification, alors la question est réglée : il faut y aller et profiter de l'obligation pour bénéficier de tous les aspects positifs de la démarche.

Mais dans de nombreux métiers la certification n'a aucun caractère obligatoire. Paradoxalement, c'est souvent dans ces cas que j'ai trouvé des systèmes d'assurance qualité performants et fortement bénéfiques.

Je ne suis pas qualiticien, mais finalement, il n'est pas étonnant que la démarche séduise l'homme de Marketing et de Stratégie que je suis puisque l'un des fondements de l'assurance qualité est la satisfaction client.

Que la démarche soit autonome ou imposée, demandez vous en quoi votre système d'assurance qualité (actuel ou futur) peut devenir un des outils de votre pilotage stratégique. Concentrez-vous si nécessaire sur un seul aspect de la démarche, et tentez de l'utiliser au-delà de la simple conformité à une norme : au service de vos objectifs stratégiques (dialogue interne, optimisation de l'organisation, maîtrise des coûts, satisfaction client et remontée d'information vers le dirigeant...).

ORGANISATION

"Le Marketing jamais tu n'oublieras"

J'imagine déjà les remarques sarcastiques. Puff! Forcément, c'est un homme de marketing...

Eh bien oui, je confesse mon tropisme Marketing de Sup de Co impénitent.

Mais je m'empresse d'ajouter qu'au-delà de l'intérêt personnel que vois dans la discipline qui m'a fait vivre depuis de nombreuses années, j'ai pu être témoin de façon constante de la nécessité absolue d'intégrer la démarche marketing dans tout projet d'entreprise, quel que soit son marché, sa taille, sa configuration.

D'ailleurs, même les systèmes d'assurance qualité intègrent maintenant la prise en compte du client. Quel hommage au marketing! Bien sur l'esprit Marketing le fait dans une vision plus large. C'est cette vision que j'aimerais partager ici avec vous.

De quoi s'agit-il? Tout simplement d'accorder la primauté au marché.

Or pour accorder la primauté au marché, il faut d'abord le définir, l'objectiver (KOAN N°3). Cela passe par un minimum de collecte d'information et d'analyse. Et que ceux qui n'ont pas fait d'études de commerce ou qui ne peuvent pas se payer de consultants ne se croient pas exonérés. N'importe quel dirigeant d'entreprise peut mener le minimum d'analyse marché dont il a besoin. Il faut un peu de temps, un accès au web et quelques déplacements sur le terrain. J'ai trop souvent vu des dirigeants qui renonçaient à l'analyse de marché minimum indispensable au prétexte qu'ils n'avaient pas les moyens de lancer de "vraies études". Mais à ceux la je dis que même les "vraies études" ne leur garantiront jamais 100% de connaissance de leur environnement et encore moins le succès. Les études et analyses préalables ne sont qu'un réducteur d'incertitude. Alors il vaut mieux disposer des 10% d'information existante sur le marché que vous pouvez récupérer plutôt que rien. Bien entendu, si vous avez des budgets, il est préférable de tendre vers les 60, 70 ou 80% de connaissance, que pourront vous apporter des études. Je peux vous donner l'adresse d'un bon cabinet pour cela...

Considérez que la démarche marketing est une démarche itérative, en boucle et que c'est en passant plusieurs fois dans la boucle qu'on approfondit, qu'on affine, qu'on parfait sa pratique. L'essentiel est donc de commencer, même de façon imparfaite, même avec des moyens limités.

La collecte d'information sur les marchés, la concurrence, les clients, les facteurs d'environnement doit nourrir votre réflexion stratégique, qui elle-même doit accoucher de décisions que vous pourrez formaliser dans votre plan marketing.

J'ai vu et rédigé des Plans Marketing extrêmement sophistiqués, de plusieurs dizaines de pages, mais j'ai aussi vu (et rédigé) des Plans Marketing qui tenaient dans un recto verso et qui n'en étaient pas moins efficients. Tout est question d'adaptation à la situation de l'entreprise, à son degré de maturité dans la démarche. Si vous parcourez la boucle pour la première fois parce que votre entreprise est petite ou qu'elle est à culture dominante technique, vous ne disposez pas de tous les éléments nécessaires à l'élaboration d'un "super plan".

Ce n'est pas important, faites simple, faites rustique, mais faites!

La démarche est vertueuse en ce sens qu'elle va ensuite s'auto alimenter. Quant on a goûté à un peu plus de connaissance de son marché et de son environnement, quant on a pu entrevoir de nouvelles pistes de développement jusqu'alors insoupçonnées, on en redemande. Enfin, n'oubliez jamais que la démarche Marketing n'est pas seulement analytique, elle est globale et en ce sens, inclut l'action commerciale. Le Marketing ne sert qu'à une chose : vendre plus!

MARKETING/VENTES

Jour 9

"Le CRM, au moins tu essaieras"

En voilà un truc!

CRM. C'est-à-dire, **C**ustomer **R**elationship **M**anagement.

Rien de tel qu'un bon acronyme anglophone pour épater la galerie. Le management est truffé de termes, abréviations, slogans de toute sorte qui désignent parfois des concepts creux, des modes éphémères et inutiles et qui surtout font croire aux non initiés qu'ils sont nettement plus bêtes que ceux qui manipulent le dit concept. Alors ne vous laissez plus impressionner par le verbiage managério-anglo-machin-chose.

Mais ne jetons pas le bébé avec l'eau du bain et regardons-y de plus près.

L'équivalent Français du CRM est la GRC (**G**estion de la **R**elation **C**lient). Dès lors on comprend mieux l'utilité de la chose, et l'intérêt d'essayer au moins.

Il faut comprendre que l'activité commerciale est une production au même titre que l'activité de fabrication. Seules différences: la matière première est de l'information (connaissance, identification de prospects...) ; le travail est essentiellement immatériel (informer, séduire, convaincre...) ; et le résultat, c'est des commandes.

Il s'agit donc de considérer l'activité commerciale comme un processus avec des flux, des stocks, des contraintes, des ressources disponibles...

Les outils CRM sont généralement articulés autour de différents modules (ventes, service client, marketing) qu'il n'est pas utile de développer ici.

Ce qui importe en réalité c'est qu'avec la mise en place d'un outil CRM, on organise la traçabilité de l'information commerciale (tiens, encore un terme commun avec le langage de l'assurance qualité...) et son partage. Et croyez moi, ces deux notions sont fondamentales.

Rappelez vous le KOAN N°5 sur les commerciaux. S'ils sont les seuls à maitriser l'information sur les prospects et les clients, vous perdrez le contrôle et vous exposerez à tous les risques (en cas de départ, d'absence, de baisse de motivation...). Par ailleurs, le partage et la traçabilité de l'information dans l'entreprise permettent de répondre à un client ou un prospect en l'absence du commercial, ce qui est crucial en ces temps de "web attitude", d'impatience généralisée.

Cette nécessaire maitrise de l'information commerciale s'applique à tous les secteurs d'activité, pour toutes les tailles d'entreprises. Pas d'exception!

En réalité, pour commencer, peu importent les outils, ce qui compte c'est la volonté d'essayer et la sagesse de choisir un outil adapté, conforme aux besoins de l'entreprise.

Avec un simple gestionnaire de contacts comme Outlook vous disposez déjà d'un mini CRM qui peut vous familiariser avec la démarche. Pour une petite entreprise, aux contacts commerciaux limités cela peut s'avérer bien suffisant. Si on ne veut pas s'encombrer de logiciels supplémentaires et de contraintes d'installation, il existe de nombreuses offres en ligne, sur simple abonnement avec des prix d'entrée attractifs (Salesforce, Sugar CRM, Buzee...). Evidemment, dès que la taille, les volumes augmentent, dès que le nombre d'utilisateurs se multiplie, on peut aussi passer sur les outils proposés par les grands éditeurs (Sage, Microsoft dynamics...)

Avez-vous songé à mesurer (même sommairement) votre productivité commerciale? Avez-vous les outils nécessaires pour cela? Si ce n'est pas le cas il est temps de commencer. A votre rythme, avec vos moyens... mais commencez sans attendre!

MARKETING/VENTES

100 Jours pour changer ma boite!
Les KOANS de la sagesse stratégique

16

"Du CRM comme la peste tu te méfieras"

Evidemment, je ne renie rien de tout ce qui est écrit dans le KOAN précédent.

Seulement, attention! Dès qu'on entre dans ce genre de sujet on est menacé par l'excès, le "jusqueboutisme", le perfectionnisme de mauvais aloi.

On ne compte plus les projets avortés d'implantation d'outils CRM. Trop de complexité, trop cher, rejet des équipes commerciales, trop lourd, pas assez rapide…

En réalité, le problème ne réside pas tant dans l'outil CRM lui-même mais dans la relation de l'homme à cet outil.

Un mécanisme étonnant et malheureusement dévastateur se met en place dès lors qu'on décide d'utiliser un CRM.

Je l'ai vu à l'œuvre dans des entreprises de toutes tailles et de tous types de cultures (technique, commerciale…).

Le cas le plus frappant est celui d'entreprises ayant au départ une culture commerciale très faible voire proche de 0 (pas de plan d'action, pas d'embryon de CRM, pas de statistiques commerciales…) que l'on parvient à persuader de l'intérêt d'un CRM et qui au fur et à mesure que le projet avance, empilent des exigences nouvelles pour finir avec une "usine à gaz" d'une complexité terrifiante. On multiplie les champs dans les fiches clients, on multiplie les indicateurs, on multiplie les rapports d'activité, avec autant de croisements que de critères et on aboutit à un système complexe, opaque, illisible.

Vous devinez la suite ? Après quelques mois de mise en route pendant lesquels tout le monde se plie aux obligations du nouvel outil, les remises en cause commencent à apparaître pour aboutir souvent à un abandon total de la solution au prétexte de sa complexité et de la perte de temps générée.

Si vous voulez vraiment, bénéficier des bienfaits d'un CRM, ayez la sagesse d'adopter une démarche progressive et demandez vous de quoi vous avez <u>vraiment</u> besoin pour commencer en termes d'information tracée et partagée. Faites fonctionner cet embryon, qu'il sera toujours temps de compléter (la souplesse des solutions informatiques le permet aujourd'hui).
Méfiez vous du chant des sirènes de la sophistication!

MARKETING/VENTES

"De l'innovation tu t'enivreras"

Je ne fais bien entendu l'apologie d'aucune ivresse, quelle qu'elle soit. J'essaie simplement de retranscrire l'idée d'une nécessaire immersion dans l'innovation, indépendamment des résultats immédiats.

Par définition, l'innovation est une aventure, un risque, un pari sur un "peut-être" ou encore une griserie. On ne doit donc pas l'approcher d'une façon trop utilitariste, à la recherche d'un retour immédiat et facilement chiffrable mais plutôt comme une culture, une sorte de bain, d'éther, entourant l'entreprise et ses dirigeants.

De même que l'ébriété procure à ceux qui s'y adonnent une sorte d'état général de satisfaction ou de plaisir (que nous condamnons tous, bien entendu), l'ivresse de l'innovation doit imprégner votre entreprise.

L'immense majorité des sociétés innovantes que j'ai rencontrées baignent dans cette espèce d'état d'esprit permanent, indépendamment de tel ou tel projet précis. Bien entendu, à un moment donné, il faut bien que des projets prennent corps et suivent un processus structuré de développement (voir pour cela le site de la BPI-OSEO qui propose une approche très bien pensée). Mais pour un dirigeant, l'enjeu essentiel n'est pas là. Un projet identifié, nommé, lancé, peut être facilement encadré, suivi par une organisation rigoureuse, un cadre compétent, un consultant avisé… En revanche, maintenir en permanence un climat propice à l'innovation relève d'une démarche plus globale, "holistique" qui ne rentre pas dans les cases d'une gestion de projet classique. C'est pour cela que cette tâche incombe au dirigeant, qui doit donner l'impulsion, le "la", et insuffler partout dans son entreprise, la curiosité, l'intérêt pour le "mieux", la non condamnation systématique du "différent" ou du non conventionnel.

On sait bien qu'un des leviers de l'innovation est de pouvoir "sortir du cadre" en termes de raisonnement (nous traiterons ce sujet spécifique dans un autre KOAN). "Think out of the box" comme disent les américains. Dans les grandes entreprises, pour donner cette impulsion, on peut se payer le luxe de faire venir des consultants-vedettes, des artistes, des philosophes ou encore de faire rentrer l'art dans les murs de la société. Pour la PME qui n'a peut être pas ce genre de réflexe, ni les moyens, c'est au dirigeant de jouer.

Si vous vous penchez un instant sur votre entreprise, pouvez vous affirmer qu'un esprit d'innovation souffle à travers les couloirs, les bureaux, les ordinateurs, les cerveaux? Etes vous certain qu'il n'existe pas des barrières, des entraves aux grandes innovations comme aux toutes petites (qui sont aussi importantes à condition qu'elles se multiplient)? Avez-vous songé aux énergies qui sommeillent peut-être dans les recoins et qui ne demandent qu'à s'exprimer? Peu importent les méthodes, vous les trouverez facilement ou trouverez des gens pour vous les montrer. La seule chose qui compte c'est votre volonté.
Alors, donnerez-vous l'impulsion?

INNOVATION

"De tes clients, les paroles tu boiras"

Mon propos ici n'est pas d'illustrer le principe "le client est roi" qui suppose qu'on écoute ses clients afin de les satisfaire aussi pleinement que possible. J'adhère bien entendu à ce principe, mais je souhaite consacrer cette page à un autre volet de l'attention qu'on doit porter à ses clients. J'entends ici développer l'intérêt de toute entreprise à écouter attentivement ses clients en tant qu'éclaireurs, qu'indicateurs avancés de ce que sera la demande de demain.

En B to C (Business to Consumer ; c'est-à-dire sur les marchés de grande consommation) l'avis des clients est intéressant pris collectivement, par consolidation d'avis individuels. C'est ce que proposent de faire les études de marché, les études de satisfaction ou certaines enquêtes qualitatives ; autant de dispositifs plutôt lourds, souvent réservés à des entreprises d'une certaine taille. Pour les PME il existe toutefois des possibilités d'organiser l'écoute des clients: Soit au travers d'études "classiques" menées avec des moyens abordables (stagiaires, junior entreprises ou cabinets locaux) soit en exploitant les technologies de l'information (questionnaires en ligne, forums, blogs, réseaux sociaux…) qui permettent de collecter des tonnes d'information à coûts très maîtrisés, voire nuls.

En B to B (Business to Business ; c'est à dire sur les marchés professionnels, industriels, technologiques) l'avis des clients est intéressant collectivement pour identifier des tendances, **et** individuellement pour déceler des opportunités qui peuvent être immédiates ou à moyen terme.

Les opportunités immédiates concernent généralement des besoins connexes ou complémentaires non couverts (ou mal couverts). Dites vous qu'un client professionnel, précisément parce qu'il est professionnel, cherche en permanence à optimiser sa rentabilité, sa productivité, ses conditions d'exploitation. Dès lors, il est potentiellement ouvert à toute proposition lui permettant d'améliorer un de ces paramètres: gagner du temps, faire des économies, s'éviter une contrainte, mobiliser moins de ressources…. Dans la théorie du Marketing Industriel on appelle cela le "make or buy", faire ou faire faire.

Les opportunités à moyen terme concernent l'innovation au sens large (technologique, organisationnelle…). Confrontés quotidiennement à la résolution de problèmes divers, vos clients ont souvent des idées intéressantes, des ébauches de solutions qu'ils mettent en œuvre de façon plus ou moins complète selon leurs moyens et la nature de leur activité. Mais ce qui peut n'être pour un client qu'une résolution temporaire de problèmes constitue peut être pour vous une activité future, une ligne de produit à part entière, un nouveau marché…

Quelle que soit votre activité, avez-vous déjà songé à la mine d'information, d'idées, de créativité qui ne demande qu'à être exploitée chez vos clients?

Si vous êtes en B to C, avez-vous organisé une remontée d'information (permanente via un CRM ou ponctuelle) pour collecter des impressions, des attentes insatisfaites, des idées plus ou moins farfelues…?

Si vous êtes en B to B, avez-vous sensibilisé vos équipes commerciales et surtout vos équipes techniques (SAV, Bureau d'études, Support client…) au questionnement systématique pour repérer de nouvelles idées, de nouveaux besoins…?

Si la réponse est non, songez-y et tentez, faites des propositions à vos clients pour changer leur "make or buy". Vous risquez d'être surpris par certaines réponses…

MARKETING/VENTES

"A l'analyse de Porter tu te soumettras"

Dans le KOAN n°3, j'ai cité Philip Kotler, le Pape Américain du Marketing. Eh bien les Américains ont de la chance ils ont un deuxième Pape, Michael Porter. Pape de la stratégie.

Les concepts de M Porter ont fait fureur dans les années 80 et 90 et ont formaté des générations d'apprentis stratèges dans les écoles de commerce et autres stages de formation continue pour cadres dirigeants. Et ce n'est pas pour rien, l'approche de Porter, n'a pas été un simple phénomène de mode, elle s'est révélée réellement pertinente et transposable dans la réalité des entreprises, y compris les TPE et PME. C'est suffisamment rare pour être souligné, car beaucoup de concepts enseignés dans les grandes écoles de commerces sont fabuleusement intéressant intellectuellement, parfois applicables dans les grandes entreprises et rarement utilisables par les PME. Je suis bien placé pour en parler puisque après avoir été formé à ces concepts j'ai moi-même essayé de les appliquer en PME avec des succès très inégaux. Aujourd'hui encore je navigue entre le concept et la réalité rugueuse puisque j'enseigne à mon tour dans des grandes écoles tout en étant quotidiennement en mission pour des PME.

Mais là, permettez moi de vous dire que ce concept est applicable y compris en TPE et qu'il peut nettement faire progresser la réflexion stratégique du "petit patron".

Que nous dit Porter? Que lorsqu'on réfléchit à sa stratégie, après avoir fait son analyse interne des forces et faiblesses de l'entreprise (KOAN 28), il faut se tourner vers l'extérieur et regarder ce qu'il s'y passe afin d'identifier les menaces, mais aussi les opportunités qui peuvent se présenter. Porter appelle cela la notion de rivalité élargie. Cette expression décrit exactement ce dont il s'agit puisqu'elle permet de recenser toutes les parties prenantes de l'entreprise qui peuvent entrer en rivalité avec elle. En gros, Porter nous dit, "ne focalisez pas votre attention uniquement sur vos concurrents, car les menaces peuvent venir d'ailleurs". Les "ailleurs" sont au nombre de 5, qu'on appelle aussi forces de Porter.

Les clients: Ils peuvent devenir extrêmement contraignants surtout s'ils se concentrent (grandes industries, grande distribution...). Lorsque leur pouvoir de négociation augmente, vos marges de manœuvre diminuent.

Les fournisseurs: Comme les clients, ils peuvent constituer une vraie menace dès lors que leur pouvoir de négociation augmente trop (puissance, technologie clé, exclusivité...).

Les nouveaux entrants: Sans parler d'entente, un équilibre finit toujours par s'établir entre concurrents sur un marché. Lorsqu'un nouvel entrant survient, cet équilibre fragile est rompu ce qui peut déclencher des guerres sanglantes. En ces temps de mondialisation et de libre échange, aucun marché n'est plus à l'abri d'un nouvel entrant.

La concurrence indirecte: Les produits et les technologies de substitution peuvent menacer voire tuer votre marché (Bière face au vin, TGV face à l'avion, musique en ligne face au CD...). Avec l'ère numérique, ces substitutions vont se multiplier.

L'environnement: Pris au sens large, il s'agit de tous les facteurs d'environnement qui peuvent impacter votre activité (réglementation, démographie, cours monétaires, crises...).

Comme vous le savez l'objet de ce livre n'est pas de faire un cours de stratégie, vous trouverez tous les détails dans des livres et sur le web. Ce que j'attends de vous c'est de vous lancer dans la réflexion. Prenez une feuille blanche et essayez donc de voir pour chaque force de Porter, ce qui peut se produire pour votre entreprise.

STRATEGIE

"La trésorerie comme le lait sur le feu tu surveilleras"

On raille souvent les petits commerçants qui ont tendance à faire une confusion entre le niveau de leur tiroir caisse et la santé réelle de leur entreprise. Tous les commerciaux qui ont vendu des produits à des commerçants confirmeront que les commandes se prennent plus facilement auprès d'un boutiquier ayant fait une bonne journée que si le CA du jour est mauvais, et ceci indépendamment de la rentabilité finale réelle du point de vente.

Certains en déduirons que les commerçants sont des demeurés, incapables d'un raisonnement de gestionnaire. Libre à eux. Moi j'en conclus que le niveau de trésorerie perçu est un élément très impactant, portant une charge émotionnelle extrêmement forte dans les entreprises pilotées par un "dirigeant-propriétaire" responsable sur ses biens propres.

Une trésorerie dégradée occupe l'esprit du dirigeant, limitant d'autant ses capacités de réflexion de créativité et d'enthousiasme. Tout dirigeant ayant vécu des difficultés de trésorerie (ceux qui sont concernés, levez le doigt!) pourra témoigner du caractère paralysant de ce type de situation.

A cet aspect purement perceptuel des choses s'ajoutent bien sûr toutes les limitations objectives liées à une trésorerie dégradée: Tension des relations fournisseurs, nécessité de faire profil bas vis-à-vis des banquiers, nécessité de quémander des reports auprès des fonctionnaires pour l'URSSAFF ou la TVA, report d'achats et d'investissements pourtant nécessaires....

Dans les écoles de gestion on apprend à faire la distinction entre chiffre d'affaires, rentabilité et flux de trésorerie. Mais on a parfois tendance à dériver et négliger l'importance de la trésorerie.

N'avez-vous pas remarqué comme le regard de votre banquier et son attitude à votre égard changent selon l'état de votre trésorerie?

N'avez-vous pas senti la puissance que vous confère la capacité de prise de décision et de paiement immédiat si nécessaire, dans une négociation d'achat?

L'idéal étant, bien entendu, d'avoir une trésorerie suffisamment excédentaire, vous devez au moins vous doter d'une gestion de trésorerie assurant un minimum de visibilité et vous permettant d'anticiper les éventuelles difficultés. L'objectif principal est de préserver au maximum votre sérénité, votre énergie quotidienne et votre créativité qui sont souvent les premières victimes d'une trésorerie problématique.

GESTION FINANCES

100 Jours pour changer ma boite!
Les KOANS de la sagesse stratégique

21

"Tes capitaux propres sans cesse tu consolideras"

On le sait, la faiblesse des capitaux propres est le drame, la tare originelle de la PME française.

Je ne fais donc pas dans l'originalité avec cette maxime de bon sens qui est intrinsèquement liée à la précédente, ainsi qu'à celle du jour 26 (à propos des banquiers).

Contrairement à la grosse entreprise qui peut faire du chantage à l'emploi, se refinancer sur les marchés ou encore, valoriser des actifs souvent importants ; contrairement à un organisme public qui peut trainer des déficits, la PME ne doit compter que sur elle-même. Toute dépendance importante, vis-à-vis d'un tiers (Banquier, fournisseur, créanciers divers, clients) est susceptible de la conduire à la disparition au premier incident.

J'ai trop vu d'entreprises fondamentalement saines disparaitre à l'occasion d'une "crise de trésorerie" souvent consécutive à la défection d'un gros client, une baisse d'activité ou une perte importante. Faiblement dotées en capitaux propres, ces entreprises n'ont pas obtenu la confiance des tiers et sont allées au tapis. Très souvent, dans ces cas, arrive un repreneur, qui restructure le haut de bilan et fait repartir l'entreprise dans un nouveau cycle de croissance et de profit. Preuve qu'elle était fondamentalement saine, mais financièrement trop fragile.

Dans pareil cas, le dirigeant historique a tout perdu et conserve pour seule consolation l'idée qu'il était dans le vrai en termes d'exploitation.

Ce type d'exemple, malheureusement trop répandu doit inciter tout dirigeant à une vigilance extrême sur son haut de bilan. Des capitaux permanents (capital, comptes courants, endettement à long terme...) à un niveau suffisant sont un gage de sérénité pour le dirigeant.

Vous êtes vous demandé si votre entreprise était suffisamment dotée en capitaux permanents compte tenu de sa taille, de la nature de son activité et, surtout, de vos projets de développement? Avez-vous songé aux multiples façons d'améliorer ce point conformément à vos valeurs (partenaires ou non, capital risque ou non, distribution des résultats ou réinvestissement...). N'oubliez pas que de nombreux dispositifs publics ou semi publics existent aujourd'hui pour permettre aux PME de consolider leurs fonds propres sans perte d'autonomie. Allez donc y jeter un œil...

GESTION FINANCES

"Tes actionnaires à distance tu tiendras"

Cette maxime mérite une petite explication préalable, et même une profession de foi.

Je ne me range en aucun cas aux côtés des "bolchéviques" qui ont tendance à penser que les actionnaires sont quantité négligeable et qu'ils ne doivent être servis qu'en dernier.

Dans la droite ligne de la maxime qui précède je veux simplement indiquer que la logique naturelle - et totalement légitime - de l'actionnaire pousse à une optimisation de son investissement et donc à une distribution aussi importante que possible. Or cette logique peut ponctuellement entrer en contradiction avec la nécessaire capitalisation du maximum de ressources de l'entreprise pour assurer son fonctionnement et son développement.

Evidemment ces questions ne se posent pas lorsque le dirigeant a la maitrise totale de son capital. En revanche, dès qu'il partage une part significative (minorité de blocage juridiquement, mais également moins si on a un peu d'éthique) avec des actionnaires non impliqués dans l'exploitation, la question de la relation se pose. De surcroît, par nature, l'actionnaire non dirigeant peut ne pas capter toutes les subtilités des manœuvres de direction, des décisions, de l'environnement... En revanche, il faut reconnaitre que sa distance, peut aussi enrichir considérablement la réflexion.

C'est pourquoi, j'insiste encore sur l'idée que "tenir ses actionnaires à distance" ne signifie en aucun cas agir à leur détriment.

Dans l'esprit de cette maxime, "tenir son actionnaire à distance" n'est possible que dans le cadre d'une relation de confiance très forte, d'une connivence intime qui justement permet à l'actionnaire de se tenir à distance et de dormir sur ces deux oreilles (ce qui bien entendu ne veut pas dire renoncer à ses droits statutaires de contrôle).

Comment caractériseriez-vous vos relations avec vos actionnaires? Sont-elles confiantes à tel point qu'ils puissent dormir sur leurs deux oreilles entre deux échéances statutaires (AG ou Conseil d'administration). Si ce n'est pas le cas, avez-vous donné les gages suffisants d'une telle confiance? Si ce n'est toujours pas le cas, malgré de tels gages, n'est-il pas temps de songer à des changements dans votre actionnariat?

GESTION FINANCES

"Dans la formation systématiquement tu investiras"

Je ne suis pas un spécialiste des Ressources Humaines, je n'en parlerai donc pas en expert, mais seulement à partir des observations que j'ai pu faire sur le terrain, et des conclusions que j'en ai tiré.

Dire que les hommes sont la ressource la plus importante d'une entreprise peut sembler être un lieu commun, une "tarte à la crème". C'est forcément le cas pour les cyniques qui ne voient dans leurs équipes que du bétail à traire, des citrons à presser, ou en termes marxistes, une force de travail à exploiter.

Mais à l'heure de l'innovation, de la flexibilité, de l'hyper réactivité des marchés, il est évident qu'on ne peut plus espérer enrégimenter les collaborateurs pour en faire des robots fonctionnant "comme le chef a dit".

Aujourd'hui, chaque collaborateur, du jeune stagiaire au cadre supérieur expérimenté, dispose d'un accès permanent et instantané aux ressources extérieures par le biais de son téléphone mobile et de l'internet. Il peut donc très facilement comparer ses conditions à celles des autres, vérifier si la "parole officielle" de l'entreprise est réellement crédible, trouver de nouvelles méthodes de travail....

Dès lors, outre le fait qu'il me semble immoral de chercher à prospérer sur l'abrutissement des masses (ou des individus dans la PME), cela est maintenant devenu illusoire (ou cantonné à quelques cas particuliers en voie de disparition).

En conséquence, la logique commande de chercher prioritairement les moyens de bonifier les compétences des collaborateurs.

J'ai acquis la conviction que les Hommes, sont l'une des ressources les plus plastiques, les plus malléables dont dispose une entreprise. A condition de s'en occuper un peu, d'y consacrer quelques moyens et d'accepter qu'il ne s'agit quand même pas de pâte à modeler, mais d'individus, qui ont leurs rêves, leurs potentialités et aussi leurs craintes.

Le seul moyen d'attacher les collaborateurs à une entreprise (positivement, pas avec des cordes) c'est de leur permettre une évolution, un épanouissement par la formation. En ce sens, formation ne veut pas nécessairement dire, stage de formation dans une salle avec un formateur. Les possibilités sont multiples, depuis le stage conventionnel jusqu'au e-learning, en passant par le tutorat et le simple transfert de connaissance interne (formel ou non).

L'esprit humain est en quête perpétuelle d'épanouissement, d'amélioration, d'évolution. Vous n'y échappez pas, vos salariés non plus, et c'est heureux. Indépendamment de vos budgets de formation, demandez vous si les gens qui viennent tous les matins chez vous s'y enrichissent (tant mieux si c'est avec des sous, mais là j'évoque surtout l'enrichissement personnel), si ils peuvent acquérir des connaissances, vivre des expériences dont ils pourront être fiers à l'extérieur. Si la réponse est négative, parlez sans attendre directement avec vos collaborateurs, ils finiront par vous dire ce qu'ils attendent dans ce domaine.

RH

"Les structures d'interface, à fond tu utiliseras"

La France est un pays de structures. Nous payons assez d'impôts pour le savoir. Alors quel que soit le regard critique qu'on peut porter sur telle ou telle structure, sur l'empilement d'organismes divers à l'utilité parfois discutable, ce serait une faute professionnelle de ne pas en profiter.

En parcourant les campagnes et les villes, à la rencontre de la France entrepreneuriale profonde, j'ai été frappé de constater à quel point les entreprises méconnaissent les structures dont elles pourraient profiter.

Mettons de côté, toutes les structures à caractère général (CCI, Comités d'expansion, services économiques de communautés d'agglomération ou de régions) et focalisons-nous un peu sur les structures d'interface à vocation technologique.

A l'heure où tous les experts et politiques nous annoncent que dans le bain sanglant de la mondialisation, le salut de notre économie ne passera que par l'innovation, le sujet mérite qu'on s'y arrête (revoir à ce titre le KOAN N°11).

Il est courant d'affirmer qu'en France, nous avons une recherche publique et fondamentale plutôt performante alors que la recherche appliquée et le transfert vers l'industrie accusent un retard chronique par rapport à nos grands compétiteurs (notamment l'Allemagne avec ses fameux FRAUNHOFER). Il n'y a aucune raison d'en douter d'un point de vue global, et nombre de cas particuliers semblent corroborer ce constat.

Mais on a tendance à jeter un peu vite le bébé avec l'eau du bain, en la matière. Et au prétexte communément admis que la recherche n'est pas adaptée à l'entreprise, on renonce à l'innovation ou on se prive de ressources précieuses.

Parce que des ressources précieuses nous en avons en abondance, et elles sont souvent sous utilisées, je peux en témoigner!

On n'imagine pas à quel point notre beau territoire est finement maillé de toutes sortes de compétences technologiques : laboratoires universitaires, écoles d'ingénieurs, centres de recherche, centres techniques, Instituts CARNOT, CRITTs, plateformes technologiques, lycées techniques…Toutes les spécialités imaginables sont couvertes, tous les niveaux de profondeur sont disponibles depuis l'analyse fondamentale à la mise au point d'un mécanisme simple.

Cet énorme potentiel, est là, à disposition et n'attend plus que des projets.

Alors me dira-t-on, c'est bien mais cela coûte cher. Et bien non répondrais-je, cela ne coûte pas cher. Précisément parce qu'une partie importante du coût de ces structures est assuré par la collectivité (donc tout de même payé par vous et moi). Et de surcroit, il existe de nombreuses aides venant abaisser encore le coût d'un projet spécifique.

L'innovation coûte de l'argent et du temps, mais la perte de compétitivité, coûtera la vie à votre entreprise. Pensez à ce que vous pourrez faire dans votre métier, dans votre technologie, sur vos marchés en utilisant des ressources externes hyper compétentes avec un effet de levier pouvant atteindre 80% dans certains cas. Réfléchissez à vos besoins technologiques et entrez en contact avec le Réseau de Diffusion Technologique de votre région. Si vous vous donnez la peine de trier, vous en tirerez grand profit!
INNOVATION

100 Jours pour changer ma boite!
Les KOANS de la sagesse stratégique

25

"La veille stratégique tu pratiqueras"

En voilà une autre tarte à la crème! La veille, aussi appelée intelligence économique, par emprunt au terme Anglais "Intelligence" qui nous plonge aussitôt dans un imaginaire à la James Bond. Ce sujet a fait l'objet d'une "mousse" incroyable pendant plusieurs années mais qui commence à retomber.

Mais si on peut critiquer la mousse en question et globalement la façon dont la veille stratégique a été promue dans les années 90 et 2000 il n'en demeure pas mois vrai qu'il est vital pour toute entreprise de surveiller en permanence son environnement. Il faut simplement ne pas se tromper sur les objectifs à viser et les moyens à mettre en œuvre.

Prenons un exemple guerrier, facile à comprendre même pour les non militaires dont je fais partie. J'appellerai cet exemple, **la parabole du porte avion et du zodiac**.

Tout le monde comprend qu'un porte avion, en tant que pièce maîtresse dans un dispositif aéronaval, doive être protégé de toute menace y compris lointaine. On entoure donc le beau navire, de toute une série de précautions:

Une flottille de navires (je ne sais pas lesquels, qu'on me pardonne) accompagne toujours de près ou de loin le porte avion.

Des hélicoptères et des avions font des vols de reconnaissance en permanence tout autour de la zone.

Des systèmes d'écoute sophistiqués tentent de capter toutes les communications alentour.

Des radars surveillent le ciel

Des sonars surveillent les profondeurs

And last but not least, des satellites observent de très haut tout ce qui se passe.

Maintenant, imaginez un instant, que vous ayez à envoyer 5 hommes sur un zodiac pour mener une action éclair en territoire ennemi. Tout le monde conviendra qu'il serait légitime de doter cette équipe de moyens de veille, d'identification des menaces. Mais si on commence à mettre un radar, puis un sonar puis un système d'interception des communications sur un zodiac, on va tout simplement le couler…Je ne vous parle pas de l'effet de surprise si on déploie une flottille et des vols de reconnaissance autour du Zodiac!

Remplacez le porte avion par une multinationale, le Zodiac par une PME et vous aurez compris ce que je veux dire. Que demanderait un commandant avisé pour son commando en Zodiac? Un système de vision nocturne pour chacun de ses hommes et un armement léger.

Ne laissez pas partir votre Zodiac sans aucune capacité de vision et d'anticipation mais n'allez pas "charger la barque" (c'est le cas de le dire!) avec n'importe quoi. La veille c'est comme une assurance : on paye à fonds perdu pendant un certain temps, pour le jour où il se passerait quelque chose… Alors veillez, mais prenez soin d'adapter l'outil à la mission.

STRATEGIE

100 Jours pour changer ma boite!
Les KOANS de la sagesse stratégique

26

"Des indicateurs en place tu mettras"

L'obligation légale de présenter des comptes à l'administration fiscale a donné naissance aux premiers indicateurs de gestion (ce sont souvent les seuls pour les entreprises de petite taille).

Ensuite, le développement endémique des systèmes d'assurance qualité a largement diffusé dans les entreprises, la religion de l'indicateur, notamment autour de l'outil de production. Même si cela peut parfois conduire à certains excès, c'est probablement l'un des versants les plus positifs de la généralisation des systèmes d'assurance qualité (on en a déjà parlé).

Voilà deux bonnes occasions de se réjouir (une fois n'est pas coutume) d'une pratique née de contraintes. En effet, la gestion d'entreprise au sens large se nourrit d'indicateurs, et il est parfois bon que certaines obligations contraignent les chefs d'entreprise à produire des données objectives et quantifiables.

Alors pourquoi s'arrêter en si bon chemin?

Tous les domaines de l'entreprise se prêtent à la mise en place d'indicateurs: Marketing et commercial, Ressources Humaines, Sécurité, Développement durable...

Dans mon domaine d'expertise qui est la fonction Marketing et Commerciale, les paramètres à mesurer sont légion.

Alors attention, si vous n'aviez jusqu'à présent aucun indicateur à votre disposition (à part les obligatoires), ce qui vous guette c'est bien évidemment le foisonnement inutile, l'abondance de données qui finira par vous faire perdre la tête ou vous rendre tout simplement incapable de prendre une décision (voir les KOAN N°9 et 10 à propos du CRM).

C'est pour cela que cette question est si importante et que vous devez vous y pencher sérieusement. J'ai connu un dirigeant, qui se faisait porter dans son bureau tous les lundis, en fin de matinée une série de graphiques (5 ou 6) qui étaient accrochés au mur par son assistante. Ensuite il s'installait confortablement sur son fauteuil et balayait la pièce du regard. C'était m'a-t-il dit, le meilleur système de prise de décision qu'il avait trouvé.

D'autre préfèreront se bâtir un tableau de bord à base d'informatique décisionnelle permettant de sortir les paramètres clés sous des angles de vue différents...

Finalement, à chacun sa méthode. Si vous craignez le brouillage, la cacophonie, commencez par vous poser tranquillement, seul ou avec votre premier cercle, et demandez vous quels sont les paramètres essentiels dont vous avez besoin pour prendre vos décisions. Ils sont rarement plus de 5 ou 6, et de toute façon, au-delà, à moins d'être un esprit supérieur, vous risquez la confusion. Choisissez ces paramètres et mettez en place une organisation qui vous les fournisse avec la périodicité nécessaire. Changez-les après deux ou trois mois s'ils ne vous ont pas permis de fonder vos décisions. Vous finirez par trouver les bons. Bien entendu, ces indicateurs, portent en eux-mêmes, de façon sous jacente, des tas de sous-indicateurs, mais, sauf cas ponctuels, vous devez laisser ce deuxième niveau (et le troisième à fortiori) à vos collaborateurs (ou à votre comptable par exemple).

GESTION FINANCES

"Tes concurrents sans cesse tu analyseras"

Il est frappant de constater à quel point les entreprises connaissent mal leurs concurrents. La connaissance des concurrents résulte généralement d'une accumulation d'informations, de données, de faits épars, glanés au gré des activités quotidiennes.

Elle est assez rarement le fruit d'un travail méthodique appliqué et régulier. C'est pourtant seule cette approche qui peut garantir une bonne prise en compte du fait concurrentiel dans l'analyse stratégique, qui peut permettre l'identification d'une évolution, d'une menace ou d'une opportunité avant qu'il ne soit trop tard.

Une fois de plus (voir KOAN 19 sur la veille stratégique), il ne s'agit pas de tomber dans la mise en place d'un dispositif démesuré. Je vous laisse décider de vos méthodes, de vos outils, de vos partenaires, pour concentrer ma recommandation sur le principe:

1/ Décider que la connaissance de ses concurrents ne peut pas être négligée, et affecter un minimum de ressources à cette tâche.

2/ Faire un premier état des lieux pour savoir qui sont vos concurrents (directs et indirects), vérifier si la liste ne mérite pas d'être élargie et déterminer le niveau d'information minimum dont on a besoin à leur égard.

3/ Décider de la fréquence avec laquelle il faudra actualiser cette connaissance.

4/ Décider des ressources qu'on y affectera (Un stagiaire, une réunion périodique avec les commerciaux, le recours à un prestataire extérieur…).

J'ai en mémoire un dîner avec l'équipe commerciale et la direction d'une entreprise dans un hôtel, un soir de séminaire. Entre la poire et le fromage, parlant d'un concurrent précis, je pose une de mes questions habituelles: Et comment est il organisé commercialement?

J'ai obtenu un florilège de réponses extrêmement variées que ce soit de la part des ingénieurs d'affaires, du directeur commercial ou du dirigeant de l'entreprise. Personne n'était au clair sur l'organisation commerciale du concurrent et chacun l'interprétait depuis sa "fenêtre de tir".

Si je demande à un archer placé dans une meurtrière sur le rempart d'un château, de me décrire l'ennemi lors d'un siège, sont champ de vision ne lui permettra de me fournir qu'une information très parcellaire. Vraie dans son cas précis, mais fausse dans la globalité. Seul un observateur placé en haut du donjon peut se faire une idée de l'étendue de la menace (cavalerie cachée dans les bois environnants, catapultes positionnées sur les côtés…) et de l'organisation ainsi que des points faibles de l'adversaire.

Etes-vous déjà monté au sommet du donjon pour scruter l'horizon, ou avez-vous demandé à quelqu'un de le faire?
Si la réponse est négative, réagissez avant qu'il ne soit trop tard. Vous seriez d'autant plus impardonnable qu'un premier tour d'horizon peut être réalisé très vite et à coût réduit, voire nul, grâce au web notamment.

MARKETING/VENTES

Jour 22

"La mondialisation , dans ton analyse tu intègreras"

La mondialisation est là, qu'on le veuille ou non, qu'on le déplore ou qu'on s'en réjouisse. Le libre échange et les nouvelles règles du commerce mondial s'imposent à nous quoi qu'on en pense politiquement.

Le rôle d'un dirigeant d'entreprise n'est pas de refaire le monde (il y a l'engagement politique pour cela) mais de s'adapter au monde tel qu'il est.

C'est pourquoi, dans cette page je ne ferai ni un plaidoyer favorable ni un réquisitoire à charge concernant la mondialisation.

Je me contenterai de prendre acte de son existence et de ses effets immédiatement perceptibles pour une entreprise.

Lorsque je vous exhortais dans la maxime n°3 à définir votre terrain de jeu, je ne croyais pas si bien dire par rapport à la mondialisation. On pourrait croire en effet que seules les grandes entreprises internationalisées sont concernées et en tout cas susceptibles de profiter de la mondialisation.

Autrefois, une PME régionale pouvait définir sont terrain de jeu d'un point de vue géographique et considérer que sa zone d'influence se limiterait à quelques départements. Cela limitait son marché potentiel, mais également l'intensité concurrentielle. En n'allant pas chasser sur des "terres" lointaines, elle ne prenait pas le risque d'inciter des concurrents lointains à venir sur son propre secteur. En un mot, chacun était chez soi et "les vaches étaient bien gardées" comme on dit.

Aujourd'hui cette logique ne tient plus. Et même si vous décidez de vous cantonner à un marché local, vous n'avez absolument pas la garantie que votre concurrence soit locale, elle aussi. Ainsi, là où autre fois on comptait deux ou trois concurrents régionaux plus un national sur un secteur donné, on se retrouvera aujourd'hui avec pléthore de concurrents locaux, régionaux, nationaux, européens et mondiaux (bien entendu cela varie selon les secteurs). Conclusion, la mondialisation réduit votre terrain de jeu en y amenant des concurrents qu'on n'y aurait jamais trouvé autre fois.

Dès lors, pourquoi vous laisser impacter par les autres sans chercher à aller profiter de leur propre terrain de jeu?

J'entends déjà les objections, les jérémiades classiques : "oui mais nous on est trop petits, on n'a pas l'envergure, on a des coûts de production trop élevés, on ne parle pas anglais, on ne connait pas les marchés..."

Mais qui a dit qu'il s'agissait de conquérir le monde? Personne. Prendre en compte la mondialisation dans votre réflexion stratégique ce n'est rien d'autre que d'élargir votre champ de vision et chercher à profiter de ce mouvement planétaire, de façon adaptée à votre entreprise.

Avez-vous songé aux innombrables possibilités de "sourcing" en "low cost" que peuvent vous offrir des marchés émergents sur des produits éventuellement complémentaires aux vôtres, avez-vous imaginé l'intérêt que vous pouviez avoir à prendre en stage ou en CDD, un jeune étudiant étranger (voir programmes Erasmus), savez vous ce que peut vous apporter un VIE (Volontaire International en Entreprise) ou un simple partenaire basé en Asie ou en Amérique...?

STRATEGIE

100 Jours pour changer ma boite!
Les KOANS de la sagesse stratégique

29

"Ton style de management en cause tu remettras"

Le management, la gestion des équipes, c'est probablement la mission la plus difficile d'un dirigeant.

Par définition, le dirigeant est motivé, impliqué, il cherche à s'améliorer en permanence et, surtout, le risque de vie ou de mort économique le condamne à trouver des solutions efficaces en toutes circonstances.

Bien souvent, il voudrait qu'il en soit de même de ses équipes et ne comprend pas pourquoi elles fonctionnent différemment. Or, il faut l'admettre, un salarié ne peut pas fonctionner comme un dirigeant. On peut se demander si ce n'est pas le statut même de salarié qui engendre cette différence. J'ai vu récemment un dirigeant pester contre le fait que suite à un rachat d'une autre entreprise plus petite et après avoir intégré l'ancien patron comme salarié, celui-ci avait perdu tout dynamisme et se comportait comme le dernier des employés. Preuve s'il en est que bien souvent, les hommes ne sont pas directement en cause, mais plutôt la situation dans laquelle on les met.

Reste cet écart de fonctionnement et de perception entre le dirigeant et ses salariés.

N'étant pas un expert en management et ressources humaines je ne donnerai pas ici de recettes miracles qui d'ailleurs n'existent pas.

En revanche, je peux affirmer avec la plus grande conviction, pour y avoir assisté maintes et maintes fois, que souvent dans une entreprise lorsque problème de management il y a, ce n'est pas du côté des salariés qu'il faut chercher mais bien du côté du dirigeant.

Excluons d'emblée les cas chroniques (individus isolés au comportement "inapproprié", événements extrêmes ou historique trouble...) et disons que dans la plupart des cas classiques de dysfonctionnement, l'attitude du dirigeant mérite d'être revue.

L'écrivain Anglais Aldous HUXLEY a prononcé cette vérité fracassante: "Il n'y a qu'une seule partie de l'univers que nous pouvons changer d'une façon certaine : soi-même". Alors, songez y et demandez vous si votre propre comportement, votre propre attitude n'induisent pas des difficultés que vous seul pouvez résoudre.

PERSO DIRIGEANT

"Ta responsabilité sans restriction tu assumeras"

Ce KOAN est un peu de la même veine que la conclusion précédente. Mais il a une portée bien plus large.

Faire le choix d'une carrière d'entrepreneur ou de dirigeant, c'est faire le choix de la responsabilité avant tout. Je dis bien **LA** responsabilité par opposition **AUX** responsabilités, celles qui procurent, salaires, dividendes, reconnaissance, statut, voiture de fonction, belles cartes de visites, abonnements prémium dans les transports....

LA responsabilité, au singulier parce qu'elle est absolue, unique et ne souffre ni pluriel ni nuances. Vous êtes responsables de ce qui vous arrive, point barre!

Mais alors, me direz vous, en quoi suis-je responsable de l'effondrement d'un marché, de l'arrivée de concurrents étrangers redoutables, de coûts de production prohibitifs, d'une parité euro dollar défavorable...?

C'est tout simplement votre job d'anticiper, de prévoir, de structurer pour encaisser un impact.
Les événements extérieurs ne sont en rien responsables de ce qui arrive à votre entreprise. Ils sont là et c'est tout.
Bien entendu, dans tout problème, dans toute difficulté, dans tout naufrage d'entreprise on peut identifier des éléments extérieurs et établir un lien de cause à effet. Mais si on poursuit cette logique, on trouvera toujours un lien de cause à effet avec un élément externe, je devrais dire plutôt un prétexte, une excuse. Lorsqu'une voiture s'écrase en pleine nuit sur un platane on peut en effet dire aussi que le platane a une part de responsabilité....

Soyons plus sérieux, pourquoi en période de crise dans un même pays, dans un même secteur d'activité, pour des entreprises de taille équivalente, trouve-t-on des parcours honorables, voire des réussites insolentes au côté de cadavres en abondance? La démonstration est encore plus frappante quand dans un secteur en plein boom, les réussites les plus éclatantes côtoient des échecs retentissants ou, plus fréquemment, des parcours ternes, médiocres...

Alors asseyez-vous un instant au calme. Prenez deux ou trois inspirations profondes et passez en revue vos récents échecs, vos difficultés en écartant de votre esprit toutes les excuses que vous vous étiez habilement trouvées jusqu'alors. Demandez-vous qu'est-ce qui, dans votre comportement a pu conduire à ces problèmes. Mais surtout, surtout, n'allez pas vous prêter à un exercice d'auto flagellation ou vous mettre à ressasser vos impuissances. C'est le contraire que je vous propose, une attitude d'observation distanciée, positive et dynamique. Rappelez vous que nos échecs nous montrent la voie (en creux), nous renseignent sur nous même (la matière la plus intéressante à étudier). Le célèbre psychanalyste LACAN disait à juste titre: "Le réel, c'est quand on se cogne". Alors, foncez, cognez vous et cognez vous encore, mais au lieu de pleurnicher, observez vos bosses et vos cicatrices, elles vous apprendront beaucoup.
PERSO DIRIGEANT

"De ta boite, la vision tu partageras"

Si vous voulez mettre en mouvement toute une entreprise, toute une équipe interne et externe, vous devez absolument vous appuyer sur un destin commun, une vision partagée de ce qu'est l'entreprise, et surtout de ce qu'elle deviendra si on atteint les objectifs assignés.

Mais pour partager une vision, encore faut-il que cette vision existe, soit formulée et transmissible.

Dans un KOAN ultérieur (39) nous reparlerons de vision et plus particulièrement de visualisation des objectifs personnels du dirigeant. Bien entendu, il y a un lien étroit entre les objectifs personnels du dirigeant et la vision de l'entreprise, mais ce n'est pas exactement la même chose.

La vision de l'entreprise, intègre une bonne partie des objectifs personnels du dirigeant, mais pas seulement. Précisément parce qu'une entreprise c'est la réunion de plusieurs individus, combinés à du capital, de la technologie, des processus...

Ainsi, de même que c'est nécessaire pour un individu, il est nécessaire pour une entreprise de construire une vision de son avenir. J'insiste sur le fait qu'une vision n'est pas une prévision. Nul ne peut prédire l'avenir, en revanche on peut essayer de le créer. Feu Peter DRUCKER, grand expert de l'entreprise ne disait-il pas : "La meilleure façon de prédire l'avenir c'est de le créer"?

Ce dont nous parlons ici est intimement lié à plusieurs KOANS qui viendront plus tard compléter mon propos (KOAN 44, KOAN 100) et vous pourrez alors mettre tout cela en perspective. Mais pour l'instant faites moi confiance et acceptez cette idée que seules les entreprises ayant une vision clairement définie parviennent à se développer de façon spectaculaire.

Les, Bill GATES, Steve JOBS, Mark ZUCKERBERG ou encore Larry PAGE et tant d'autres moins connus avaient (ou ont encore) tous en tête une vision de la destinée de leur entreprise.

Ne pensez pas moyens, concurrents, marchés actuels ... mais essayez de dessiner le plus clairement possible une vision de votre avenir d'entreprise tel que vous le souhaitez réellement, sans entrave, comme dans un rêve. Si vous vous prêtez avec honnêteté à cet exercice vous verrez que c'est très difficile, tellement nous avons été formatés à raisonner à partir des contraintes. Mais si vous persévérez, vous allez progressivement changer votre attitude vis-à-vis des contraintes extérieures, et alors vous vivrez des expériences vertigineuses! Et n'allez pas croire que je suis un doux rêveur déconnecté de la réalité. Bien entendu la réalité reviendra dans le jeu, très rapidement, mais ce qui aura changé c'est votre attitude vis-à-vis des éléments extérieurs...Et c'est cela qui fera toute la différence. Les magnifiques prototypes présentés chaque année par les constructeurs automobiles n'ont aucune chance d'être commercialisés un jour, nous le savons tous. Mais ils tirent toute une entreprise, toute une industrie, tout un marché vers le haut. Modelez vos prototypes d'entreprise dans votre fabrique mentale et essayez donc ensuite de leur faire prendre corps. Il va forcément se passer des choses....!

STRATEGIE

"A ton banquier jamais tu ne te fieras"

Dans le monde de l'entrepreneuriat et de la PME, c'est un peu un lieu commun de se plaindre des banquiers pris globalement.

Tant pis pour le lieu commun, mais dans un livre témoignage sur la vie des dirigeants d'entreprises (notamment à taille humaine), je ne vois vraiment pas comment faire l'économie d'un coup de patte aux banquiers pris dans leur ensemble.

Bien sûr qu'il existe des hommes et des femmes de valeur, fiables, sérieux, méritants, dans l'univers bancaire ; j'en connais plusieurs. Mais ces individus ne peuvent en aucun cas être représentatifs de la sphère bancaire dans son ensemble qui bien souvent les broie, dans son système de management à base de changements de postes fréquents, d'autonomie de décision proche de zéro et de réorganisations à répétition.

Avec tous ces ingrédients, le dirigeant d'entreprise qui généralement cherche la relation partenariale, a toutes les chances de se faire piéger tôt ou tard (et je sais de quoi je parle).

Les banquiers ne sont en aucun cas des partenaires, ils ne sont pas là non plus pour prendre des risques (même mesurés) au côté d'une entreprise. Les banquiers doivent être considérés comme de simples fournisseurs et traités en tant que tels.

C'est en tout cas ce qu'ils semblent demander au travers de leur comportement.

En conséquence, vous ne devez jamais vous mettre dans une position telle qu'ils puissent fourrer leur nez dans vos affaires, jamais vous trouver en dépendance vis-à-vis d'eux car vous devrez vous attendre alors à n'importe quoi. Le meilleur (il existe bien sûr de belles histoires, et j'en connais) comme le pire (c'est malheureusement le cas le plus fréquent).

Un banquier (si on enlève les rares exceptions évoquées précédemment) ne sait regarder que le passé.

Un banquier raisonne dans une optique patrimoniale et en rien entrepreneuriale.

Bien entendu, je m'empresse de préciser qu'il ne faut pas confondre la banque de dépôt et ce que j'appellerai globalement la banque d'affaires, pour faire vite.

Faites jouer la concurrence, n'hésitez pas à aller vers des banques en ligne, les chargés de compte ne servent plus à grand chose, ils n'ont aucun pouvoir et ouvrent le parapluie avant de prendre la moindre décision. Je répète que j'ai bien entendu connu et croisé des chargés de compte de grande valeur, efficaces, dévoués, réactifs... Mais ils ne sont que des pions dans un système qui n'a rien de sympathique pour la PME, on ne peut donc pas fonder sa relation avec "la banque" sur la base d'une relation de valeur avec un individu certes, de valeur, mais qui n'a que très peu de pouvoir, et surtout, qui peut disparaître de votre paysage du jour au lendemain. Lorsque votre chargé de compte de valeur est parti, que vous reste-t-il? La logique globale du système qui se fout complément de votre entreprise et ne pense qu'à minimiser son risque et facturer au maximum.

Si vous avez un interlocuteur bancaire de valeur bichonnez-le, c'est rare et précieux, et il (elle) le mérite en tant qu'homme ou femme. Mais dites-vous que comme toute chose rare et précieuse, elle peut disparaître du jour au lendemain. Alors, prenez quand même vos précautions ...

GESTION FINANCES

"Au "fun" une petite place tu laisseras"

Vous allez me prendre pour le petit diable qui sommeille en chacun de nous et qui nous susurre régulièrement à l'oreille toutes sortes de suggestions hédonistes, libertaires ou même salaces. Allez! J'assume.

En réalité je suis assez mal placé pour prodiguer cette maxime car je confesse avoir toujours eu le plus grand mal à "lâcher prise" sur l'activité professionnelle et à m'appliquer à moi-même, ce délicieux KOAN. Mais je me soigne et je me permets donc de vous inviter à en faire de même.

Dans le monde des dirigeants d'entreprise la valeur travail est sacrée et je suis le premier serviteur de ce culte. Mais gare à l'intégrisme qui nous guette tous avec, au bout, ses conséquences néfastes: L'enfermement, l'appauvrissement, le dessèchement intellectuel, la perte de créativité... en un mot, le mal absolu pour un dirigeant entrepreneur.

J'ai pris conscience de l'importance de cette nécessaire "respiration" qu'il faut s'accorder en rencontrant le patron d'une très belle entreprise de plus de 200 personnes, affichant des indicateurs (croissance, résultat...) à faire pâlir d'envie tout entrepreneur, à l'occasion d'une mission pour son entreprise. A l'idée de rencontrer ce dirigeant autodidacte, jeune et en pleine réussite, je m'apprêtais à prendre une leçon d'efficacité et surtout de puissance de travail.

M'attendant à entendre le discours habituel sur la valeur travail, quelle n'a pas été ma surprise quand après à peine une heure d'entretien, le dirigeant en question s'est **vanté** de travailler peu et de prendre plus de 8 semaines pleines de congé par an! Ce discours, venant d'un héritier, aurait pu s'expliquer à la limite, mais venant d'un self made man, parti de rien et ayant construit seul un magnifique édifice entrepreneurial... J'en étais tout bouleversé, et une révision urgente de mes paradigmes s'imposait.

J'ai alors soigneusement passé en revue la quasi-totalité des dirigeants que je connaissais bien pour analyser leur situation sous le double critère de la performance et de l'acharnement au travail.

Je dois avouer que je ne suis pas parvenu à établir une corrélation stricte entre la quantité de travail fournie et la réussite. Je n'ai pas trouvé plus de performance chez les bourreaux de travail que chez ceux qui s'accordaient du temps, du "fun".

Si vous travaillez tard le soir, retournez au bureau le week-end, ou êtes en permanence sur vos mails ; si en parallèle vous renoncez à toutes sortes de plaisirs personnels (le sport pour les uns, la fête pour les autres, la famille pour d'autres encore...), n'allez surtout pas vous en vanter et vous imaginer que vous faites partie de "la race des seigneurs", ceux qui dirigent parce qu'ils travaillent beaucoup plus que les autres. Vous êtes plutôt devant une forme d'échec partiel. Les vrais "seigneurs" sont ceux qui restent détendus et efficaces dans leur management grâce à la préservation de ces fameux "petits plaisirs". Bien entendu, les élus ne sont pas nombreux. Mais pourquoi ne pas essayer? Vous n'avez pas de patron, c'est vous le patron! Personne ne vous dira rien (ou plutôt, personne n'a rien à vous dire) si vous vous accordez une heure ou une après midi pour faire quelque chose qui vous tient à cœur personnellement.

PERSO DIRIGEANT

"A l'analyse SWOT tu te prèteras"

Dans toutes les écoles de Commerce on apprend très vite à réaliser des analyses SWOT, (ou MOFF en Français, mais c'est moins joli) comme outil central de la réflexion stratégique.

L'acronyme nous vient des quatre thèmes qui sont analysés et regroupés dans un tableau de synthèse (Strengths, Weaknesses, Opportunities, Threats). En Français cela donne Forces Faiblesses, Opportunités, Menaces (FFOM ou MOFF).

Comme vous le savez, l'objet de ce livre n'est pas de faire cours sur tel ou tel sujet, je n'entrerai donc pas dans les détails de l'usage de ces matrices (la littérature est abondante sur le sujet) ou dans les débats qui agitent les experts sur la façon de les constituer. Une fois de plus, je me concentrerai sur l'essentiel pour un dirigeant.

L'essentiel pour un dirigeant qui doit prendre des décisions, c'est la simplicité et la clarté de vision d'une situation. Et de ce point de vue, prendre la peine de coucher sur un simple recto, les principales forces et faiblesses de son entreprise, puis les principales opportunités et menaces issues de l'environnement auquel elle est confrontée, constitue un excellent exercice.

D'abord c'est salutaire parce qu'on s'aperçoit souvent qu'on manque d'informations, sur son environnement, sur ses concurrents et sur sa propre entreprise. Cela ne doit en aucun cas vous faire renoncer à l'analyse, mais pourra vous fournir des pistes de travail pour une amélioration de votre connaissance de votre environnement.

Ensuite parce que le fait de classer des caractéristiques en positif ou négatif (et jamais entre les deux) vous oblige à placer votre curseur quelque part, vous demander en quoi tel événement serait plutôt positif, ou négatif.

Enfin, parce que si vous n'avez pas peur de partager cette réflexion (avec votre premier cercle par exemple) vous constaterez à quel point les perceptions d'une même réalité peuvent varier au sein d'une entreprise. Et lorsqu'on fait ce constat, peu importe qui a raison, ce qui est intéressant c'est la nécessité de s'expliquer de clarifier son point de vue. Dès lors, des échanges très riches ne demandent qu'à naître.

J'ai vu des situations où des codirigeants, très proches, partageant le même bureau et pensant vraiment être sur la même longueur d'ondes s'apercevaient à l'issue d'une telle analyse que leurs perceptions variaient très nettement sur certains points.

Avez-vous déjà fait ce travail? Si la réponse est négative, n'attendez pas. Faites le seul, avec votre premier cercle, avec l'aide d'un intervenant extérieur... peu importe, mais commencez. Car ce qui compte, ce n'est pas la justesse ou la perfection de votre analyse, c'est le processus intellectuel dans lequel vous entrerez ; la prise de recul par rapport à votre entreprise et ses interactions avec son environnement. Les Américains parlent souvent de "the big picture" (la vision d'ensemble), selon eux nécessaire à une compréhension clairvoyante et à de bonnes prises de décision. C'est de cela qu'il s'agit.

Si vous avez déjà fait cet exercice, depuis quand? L'avez-vous vraiment pris à votre compte? N'hésitez pas à y revenir, l'actualiser, vous verrez les évolutions dans la situation et surtout dans votre pensée. Faites simple mais régulier (au moins une fois par an, et plus si votre secteur est mouvementé)

STRATEGIE

"La délégation avec enthousiasme tu pratiqueras"

Le temps est votre seule ressource non renouvelable, songez-y.

Si vous voulez tout faire, votre pouvoir personnel est limité au temps dont vous disposez et à votre capacité de déplacement physique.

Le seul moyen de déployer votre action dans le temps et dans l'espace est la délégation.

J'entends souvent des dirigeants me dire, "si une tâche est réalisée par quelqu'un d'autre, je sais quelle sera mal faite".

Au lieu de vous enfermer dans cette vision négative, dites vous plutôt que chaque tâche réalisée par un autre que vous c'est du temps qui vous est donné (comme de la vie en plus) pour faire, ce qui est plus rentable, plus efficace ou tout simplement ce qui vous plait.

Chaque tâche réalisée par un autre, c'est du don d'ubiquité qui vous est fourni. Vous pouvez être ici et ailleurs simultanément, parce que quelqu'un d'autre que vous fait ce que vous devriez faire si vous ne déléguiez pas.

On peut penser que je suis en train d'asséner des évidences, et c'est le cas, mais visiblement ces évidences nous échappent. Et chacun d'entre nous (à commencer par votre serviteur) s'il se penche honnêtement sur son organisation personnelle et sa pratique de la délégation, s'apercevra qu'il peut encore faire des progrès gigantesques en la matière.

Au début de ma carrière, j'ai rencontré un consultant bien plus âgé que moi, devenu ami, qui m'a dit la chose suivante:

"Si tu veux développer ton entreprise, il te faudra t'appuyer sur des collaborateurs, et tu sera toujours insatisfait de la façon dont ils réalisent une tâche qui t'incombais autrefois. Tu ne réussiras que si tu acceptes cette différence dans la façon de faire."

Tout est dit. Déléguer efficacement, ce n'est pas mettre en place une armée de clones qui vont agir au millimètre près comme vous. Déléguer c'est accepter des abandons de souveraineté, c'est accepter des résultats légèrement différents de ceux attendus (et pas forcément moins bons, quand on s'y penche).

Les spécialistes de la question vous expliqueront toutes les méthodes pour le faire efficacement. Moi je me contente de pointer du doigt ce sujet crucial et je vous invite à méditer sur votre pratique en la matière.

Alors, méditons ensemble, mes sœurs et mes frères et la lumière apparaitra! Je suis sûr que, comme moi, vous avez devant vous d'énormes marges de progression...

RH

100 Jours pour changer ma boite!
Les KOANS de la sagesse stratégique

36

"Aux personnes profondément tu t'intéresseras"

Bien entendu, c'est un lieu commun que d'affirmer l'importance des personnes dans une entreprise, surtout à l'ère de l'économie de la connaissance.

Mais comment passer ce point sous silence au prétexte qu'il est à la mode? Les modes ont ceci d'agaçant, c'est qu'au motif des stupidités qu'elles engendrent, on finit parfois par s'auto censurer et renoncer à évoquer un thème à la mode mais profondément utile.

La ressource humaine n'est vraiment pas mon point d'excellence que ce soit comme consultant (ce n'est pas ma spécialité) ou comme chef d'entreprise (j'ai d'énormes progrès à faire), mais paradoxalement c'est cela qui m'autorise à en parler ici. Evidemment pour éviter de proférer de grandes âneries, je vais me contenter de me faire l'écho, le témoin de ce à quoi j'assiste depuis ma position d'observateur privilégié.

Les grands penseurs américains du développement personnel (Dale Carnegie en son temps mais aujourd'hui Bob Proctor, Anthony Robbins ou encore John Assaraf) sont unanimes pour affirmer que dans l'entreprise, la ressource la plus porteuse de progrès et de croissance c'est les individus.

Alors que les machines, les systèmes informatiques, les locaux et les capitaux sont finis, ou en tout cas fatalement limités, l'individu jouit de capacités de développement sans limites.

En tant qu'intervenant dans diverses écoles d'ingénieur et de commerce je suis souvent ébahi par les trajectoires d'étudiants, que j'ai connus balbutiants, et que je retrouve quelques années plus tard occupant avec splendeur des responsabilités de premier plan. La valeur ajoutée entre le point T0 et le point T+10 ans est absolument bluffante dans une grande majorité de cas et encore plus pour certains étudiants moins brillants ou moins motivés au départ.

Que c'est-il passé entre temps?

Ces personnes ont trouvé leur(s) voie(s), fait des rencontres, subi des échecs, saisi des opportunités... en un mot, elles ont appris. Cela est possible car l'individu est extraordinairement malléable, à condition que les circonstances appropriées soient réunies.

Toute l'histoire de l'humanité montre que l'être humain, n'a de cesse de progresser, d'apprendre, d'évoluer, d'aller vers un "mieux"...

Alors rappelez-vous que ces gens qui partagent votre quotidien dans l'entreprise, appartiennent eux aussi à l'espèce humaine et dites vous qu'ils ont au fond d'eux même ce moteur, cette pile inépuisable qui poussent vers du "mieux" (d'accord, pour certains c'est enfoui très profond). Alors voyez ce que vous pouvez faire pour que la pile se mette en marche au profit de l'entreprise et pas seulement pour une passion personnelle. Le seul moyen pour cela, c'est de s'intéresser aux personnes, à leurs aspirations, leurs rêves.

RH

Jour 31

"La différenciation sans cesse tu chercheras"

"Trop cher! J'ai exactement la même chose pour x% moins cher chez tel ou tel autre".
Quoi de pire qu'une telle phrase dans la bouche de vos clients?
C'est pourtant ce qui arrive à beaucoup d'entreprises…à de plus en plus d'entreprises devrais-je dire…potentiellement à toute entreprise!
Mondialisation oblige ; tout producteur où qu'il soit sur la planète peut maintenant légalement proposer ses produits à vos clients historiques, sans droits de douane (ou avec des droits limités selon les produits) et sans contraintes logistiques (rien de plus facile que de faire venir un container d'Asie ou des USA).
Evolution technologique oblige ; dans presque tous les métiers, le "ticket d'entrée" technique et financier s'est fortement abaissé grâce à des moyens de production moins chers, plus faciles à utiliser, quasiment "plug and play" facilitant ainsi le foisonnement concurrentiel.
Numérisation oblige ; on peut lancer une consultation mondiale en quelques clics et échanger des fichiers de conception à la vitesse de la lumière.

Conséquence: on est toujours trop cher tant que le client pense pouvoir nous comparer à un autre.

Pourtant il existe des entreprises dont on s'arrache les produits, et pour lesquelles ont est prêt à payer le prix demandé, sans rechigner.
L'exemple d'Apple est édifiant à cet égard. Quoi qu'on pense de la qualité des produits marqués de la pomme il faut reconnaître qu'on est en présence d'une réussite exceptionnelle en termes de différenciation. Basée à la fois sur des réalités technologiques et sur une expertise marketing de haut vol, la différenciation Apple permet à l'entreprise de décider de ses prix et de sa politique de distribution. Chapeau!
Je cite Apple car c'est un exemple visible et connu de tous. Mais dans tous les secteurs que j'ai pu connaitre (y compris dans la sous-traitance) j'ai vu des entreprises ayant atteint un niveau de différenciation suffisant pour naviguer confortablement dans notre environnement mondialisé. Elles avaient compris le concept d'océan bleu si bien décrit dans le livre de Chan KIM et Renée MAUBORGNE (Stratégie Océan Bleu – Ed Pearson).

C'est donc aussi possible pour vous, si vous n'êtes pas déjà dans ce cas. Posez-vous un instant et demandez-vous en quoi vous pourriez être différents aux yeux de vos clients. Surtout n'oubliez pas que la notion de différenciation ne s'appuie pas forcément sur des éléments tangibles, objectifs. Ce qui est important c'est que vous soyez perçus comme différents quelque soit la réalité qui fonde la différence. Si vous avez un avantage technologique unique, tant mieux, une structure de coûts compétitive, tant mieux ; mais si vous n'avez rien de cela, il vous faudra de l'imagination. Marketing, communication, flexibilité et sens du service seront alors vos meilleurs alliés. Cherchez systématiquement à connaître et comprendre le mécanisme de pensée de vos clients…vous y trouverez peut-être la clef.

STRATEGIE

"Des systèmes qualité tu te méfieras"

On connait tous les ravages de la planification stratégique à la soviétique. Ce qui est vrai à l'échelle d'une nation, se retrouve évidemment à l'échelle d'une entreprise.

Planification, bureaucratie, fonctionnarisation, inefficacité, gaspillage, centralisme, perte d'initiative, absence de motivation...

Toutes ces tares bien connues de l'économie dirigiste planifiée, guettent votre entreprise si vous vous laissez déborder par les systèmes d'assurance qualité mal compris.

Ce sont des monstres tentaculaires en puissance derrière lesquels peut s'abriter la plus abjecte mauvaise foi.

"Désolé, la procédure ne prévoit pas ça...."

A l'occasion de plusieurs missions, j'ai par exemple eu à manipuler des documents de plusieurs dizaines de pages, voire centaines dans certains cas, qui étaient tout simplement vides! Afin de répondre à la norme, le document comportait un fatras de titres sous titres et indicateurs de révisions sans intérêt pour le sujet sensé être traité, et en revanche le contenu "utile" ne représentait même pas 10% du document. Pire encore, j'ai vu les habitudes procédurières se répandre en métastases meurtrières y compris vers des documents non concernés par la norme. Ainsi, une simple information pouvant passer par un Powerpoint de deux slides donnait lieu à une diarrhée de 15 pages.

Les dégâts d'un intégrisme de l'assurance qualité se font sentir autant en interne que dans les rapports de l'entreprise avec l'extérieur. Le cas est patent dans des métiers de sous-traitance. Si j'étais méchant, je dirai que dans certains cas la qualité est à relation sous-traitant/donneur d'ordres ce que le Kapo était au camp de concentration. Un agent d'ordre et de discipline qui agit de l'intérieur, au profit exclusif du tyran. Mais je ne suis pas méchant...

Alors, dirigeants éclairés, faites attention aux mollahs de la qualité et à leurs Fatouahs. Ne vous laissez pas envenimer par cette dictature rampante, dangereuse par essence comme tout système bureaucratique visant à normer les comportements. Gardez toujours l'essentiel à l'esprit : la satisfaction client maximale, bien entendu...mais dans les limites de ce que votre entreprise peut supporter (et c'est à vous et à vous seul qu'il revient de définir ce seuil).

Pour autant, peut-on se passer des systèmes d'assurance qualité? Assurément non dans certains secteurs.

Alors si le prix de la conformité est insupportable (eu égard à la limite du supportable que vous vous êtes définie), il faut peut-être vous demander si vous êtes dans le bon secteur d'activité et s'il ne vaudrait mieux pas en changer.

Bien entendu, cher lecteur, vous savez comme moi que les systèmes d'assurance qualité présentent aussi de nombreux avantages (J'en ai même fait l'apologie dans mon KOAN n° 7) et qu'il ne faut pas jeter le bébé-qualité avec l'eau du bain-bureaucratie.

ORGANISATION

"Un petit client jamais tu ne négligeras"

Un petit client mérite le respect par principe.
Principe de base du Marketing, qui comme tout principe ne nécessite aucune justification.
Principe de base de la vie et du respect d'autrui, quelque soit le autrui en question.

Mais faisons fi des grands principes un instant et voyons la logique, la raison, l'intérêt bien compris qu'il y a à respecter tout client:

On sait tous qu'un client frustré, malheureux, insatisfait, dont on ne s'occupe pas sera dix fois plus actif dans son prosélytisme négatif à l'égard d'une entreprise qu'un client satisfait. Son pouvoir de nuisance est donc sans proportion avec sa position dans vos statistiques de vente. Ceci est vrai pour les clients particuliers (B to C) comme pour les clients professionnels (B to B).

Un client est un témoin, un observateur de votre entreprise, de vos concurrents, de votre marché. Les statistiques, les études de marché, prennent en général en compte l'opinion de la masse (B to C) ou des principaux clients (B to B). Elles tiennent rarement compte des "signaux faibles" que peuvent envoyer des petits clients. A l'image de l'enfant timide, quasiment invisible qu'on trouve dans quasiment tous les groupes tels que des classes, des équipes de sport, ou encore des camps de vacances ; le petit client a aussi des choses à dire et souvent, il remarque des points de détail qui s'avèrent, in fine, d'une très grande importance.

Enfin, notamment en B to B lorsque les clients sont des entreprises, n'oubliez jamais qu'un client peut être petit globalement pour deux raisons:
Sa faible consommation de vos produits est liée à sa taille (TPE, PME...). Alors rappelez-vous que Microsoft, Google, HP et toutes les grandes entreprises ont été petites elles aussi.
Sa faible consommation de vos produits n'est pas liée à sa taille mais à votre faible pénétration dans sa propre consommation. En fait, dans ce cas, **c'est vous qui êtes un petit fournisseur**. Alors mettez vous vite au travail. Il faut comprendre, puis agir.

N'allez bien entendu pas passer tout votre temps à la pêche aux petits clients. La gestion par priorité a ses justifications bien légitimes. Mais si vous êtes un peu curieux, si vous aimez bien ne pas vous en tenir aux grandes évidences, prenez ponctuellement le temps nécessaire pour vous pencher avec votre loupe sur quelques petits clients comme un roi le ferait sur les plus humbles de ses sujets. Vous risquez de faire des découvertes fort intéressantes, instructives et surprenantes...

MARKETING/VENTES

"Des strokes positifs et négatifs, à discrétion tu distribueras"

J'ai découvert cette notion de "strokes" positifs et négatifs, à la lecture d'un ouvrage absolument fabuleux que je vous recommande de lire : Le Manager Minute de Kenneth BLANCHARD et Spencer JOHNSON.
Ce livre relate l'histoire d'un jeune homme qui rêve de travailler un jour pour le manager le plus parfait qui soit et se met donc en quête de le trouver.
Après avoir rencontré des tas de managers différents tous aussi décevants les uns que les autres, il entend parler du fameux manage minute à qui, semble-t-il, tout réussit.

Je ne vais évidemment pas vous faire le résumé du livre, mais je souhaite mettre en exergue une des notions que j'ai trouvées les plus intéressantes dans cette façon d'appréhender le management.

Le "Stroke" est un coup, un impact qui peut être soit positif, soit négatif. Pour faire très court, la "philosophie" qui sous-tend le manager minute est basée sur un maximum de spontanéité et d'immédiateté dans la sanction de ce qui est fait par les collaborateurs.

Strokes positifs pour sanctionner une action conforme à ce qui est attendu.
Strokes négatifs pour signifier une insatisfaction par rapport à ce qui est attendu.

Bien entendu, cela mériterait quelques développements, et je vous renvoie au livre pour cela, mais si je souligne cette approche c'est parce qu'après avoir lu le livre j'ai observé les managers que j'avais sous les yeux et j'ai pu constater à quel point ceux qui respectaient ces principes de vérité et d'immédiateté obtenaient de bons résultats. Certains faisaient cela spontanément, d'autres avaient lu le livre, d'autres encore avaient été bien conseillés.

Alors qu'en est-il de vous? Comment traitez-vous vos collaborateurs, que ce soit dans la réussite ou dans la difficulté? Comme, le sonar a besoin d'un écho pour définir la position du navire, chaque individu a besoin d'un retour pour se jauger. Et ce n'est pas grave si ce retour est de temps en temps désagréable, pourvu qu'il y ait un retour, et que cela ait lieu également dans le positif. A quand remonte la dernière fois que vous avez félicité vos équipes pour un travail bien fait, une initiative heureuse, une bonne décision....?

RH

100 Jours pour changer ma boite!
Les KOANS de la sagesse stratégique

41

"Aux courbes, lois et modèles tu t'intéresseras"

Je l'ai déjà écrit, "pour bien gérer il faut simplifier". Pour cela différentes lois, courbes ou différents modèles sont à la disposition du dirigeant d'entreprise. L'intérêt de ces courbes, lois et modèles c'est qu'ils nous fournissent une représentation simplifiée de réalités complexes, facilitant ainsi la **prise de décision**. Or c'est précisément, la prise de décision qui est déterminante dans la réussite d'un dirigeant et donc de son entreprise. Et surtout n'allez pas vous méprendre. Pas besoin d'être un mathématicien de haut vol pour bénéficier de la sagesse issue de ces outils, qui sont par définition des moyens de vulgarisation.

Mon propos ici n'est pas d'entrer dans les détails, mais de vous sensibiliser à l'intérêt de ces approches que je développerai ensuite chacune dans un KOAN spécifique:

Les courbes en S, (voir KOAN 37) reflètent à merveille la progression de tout individu ou de toute organisation dans l'apprentissage d'une nouvelle tâche. Lorsqu'on les applique au monde de l'entreprise, elles permettent de modéliser avec anticipation ce que sera le développement d'une activité nouvelle, l'assimilation d'une méthode de travail inédite… Elles vous permettront surtout de comprendre qu'on ne peut pas tout exiger à tout moment et qu'il existe des phases dans la progression vers une amélioration.

Le modèle de Pareto (voir KOAN 55) par exemple, permet de simplifier l'approche de sujets complexes comme la gestion des stocks ou d'un portefeuille client et d'identifier les quelques points clés sur lesquels il est rentable de passer du temps et de consacrer des ressources (loi des 20/80). Ceux qui n'ont pas recours à ce modèle, vont soit s'épuiser dans une vaine tentative de gestion détaillée et passer du temps sur des sujets (références de stock, comptes client…) qui n'en valent pas la peine ; soit baisser les bras devant l'ampleur de la tâche et du coup, laisser en friche des sujets qui méritent vraiment une grande attention.

La loi normale (voir KOAN 90), elle, vous aidera à mieux comprendre comment se répartissent les individus par rapport à une caractéristique, quelle soit physique ou comportementale. Vous pourrez alors adapter votre niveau d'exigence par rapport à vos collaborateurs, en fonction de leur position dans la courbe de la loi normale, mais également évaluer les progrès souhaitable afin de modifier leur position.

Ce KOAN n'était pas destiné à vous apporter une piste de réflexion unique mais plutôt à vous inciter à utiliser le raccourci intellectuel que permettent les courbes, lois et modèles. Je suis certain que si vous vous penchez sérieusement sur certains aspects de votre entreprise, vous en trouverez plusieurs qui sont régis par un de ces concepts. Profitez-en, c'est gratuit. Essayez de puiser tout ce que vous pouvez dans ces représentations simplifiées d'une réalité complexe. Prenez des décisions sur la base des enseignements issus de tels modèles, courbes ou lois. Vous n'aurez qu'à vous en féliciter.

GESTION FINANCES

100 Jours pour changer ma boite!
Les KOANS de la sagesse stratégique

42

"Le 5S à toi-même d'abord tu t'imposeras"

J'appartiens probablement à l'une des dernières générations qui a connu à l'école primaire, les leçons de morale. Vite oubliées (parce que effacées des programmes en cours de scolarité), pulvérisées par la vague contestataire et libertaire des années 68/80, on aurait pu penser que ces leçons appartenaient définitivement à un âge révolu.

Quelle n'a pas été ma surprise en découvrant les principes "modernes" de la productivité et de l'efficacité industrielle prônés par les apôtres du Lean, du Six Sygma, du Kanban ou de toutes ces méthodes du "new âge" industriel.

Toutes ces "nouveautés" organisationnelles nous enseignent en fait des principes de bon sens que n'auraient pas renié les croisés en blouse grise de l'école de Jules Ferry.

"Range tes affaires", "Ne remet jamais au lendemain ce qui peut être fait le jour même", "Nettoie ton espace de travail"...

Les principes d'amélioration continue, de résolution des problèmes au plus près du terrain nous reconnectent avec ce corpus de bon sens qui nous était enseigné via les "leçons de morale".

Soudain, ce qui était le comble du précepte ringard devient complètement "hype" et "up to date". Ironie de l'histoire...

Mais ne boudons pas notre plaisir et plongeons dans ce renouveau des principes de base. Le 5S en est un bon exemple et c'est probablement l'outil le plus intéressant à évoquer dans un ouvrage comme celui-ci compte tenu de sa simplicité et de sa recherche de mise en œuvre immédiate.

Parmi les dirigeants les plus bluffants qu'il m'ait été donné de rencontrer (PME high tech avec rentabilité à 2 chiffres) j'ai le souvenir de ce Monsieur B dont le bureau était totalement vide. Pas un dossier, pas un papier qui traine, rien...seulement un PC et un bloc pour prendre des notes. Dans l'imaginaire entrepreneurial qui s'accommode bien de l'icône du super bosseur avançant sur dix dossiers à la fois, ce spectacle est plutôt assimilé à la représentation du "fonctionnaire qui n'a rien à foutre" ou du dirigeant incompétent qui doit sa place dans un placard doré, à sa position familiale (fils de, gendre de....). Je vous garantis que M B est tout le contraire de cela. En demandant à ce dirigeant comment et pourquoi son univers de travail était si épuré, il me fit une réponse laconique, simple, à l'image de son bureau: "**5S**".

Il ajouta " dans n'importe quelle entreprise industrielle, un 5S bien mené procure, à coup sûr, 5% de rentabilité supplémentaire. C'est ce que j'ai fait ici, et pour montrer l'exemple, avant d'imposer cela dans l'atelier, j'ai commencé par moi-même."

Capito? Si vous ne savez pas ce qu'est le 5S renseignez vous et appliquez le. Tout de suite...dans votre bureau. Puis généralisez-le à votre entreprise. Si vous savez ce que c'est et que vous ne l'avez pas encore mis en place ou n'y avez pas réussi, rencontrez des dirigeants comme M B et demandez-leur. De grands progrès vous attendent.

ORGANISATION

100 Jours pour changer ma boite!
Les KOANS de la sagesse stratégique

43

"Les courbes en S tu chériras"

On est toujours dans les S, mais rien à voir avec le KOAN précédent.

Ces courbes sont mes préférées car vous pouvez en mesurer la réalité quotidiennement y compris dans vos activités personnelles. Elles s'appliquent presque partout: Quand vous apprenez à jouer au tennis, quand vous faites une étude de marché, quand vous découvrez un nouveau logiciel, quand vous commencez à vendre sur un nouveau marché...

Dans toute nouvelle activité, pendant une première phase, vous produisez des efforts importants avec des résultats nuls ou imperceptibles. Puis arrive une deuxième phase (point d'inflexion bas de la courbe) où vos progrès sont très sensibles et où chaque unité d'effort supplémentaire (du temps, une action commerciale...) produit des effets importants. Enfin, survient une troisième phase (point d'inflexion haut de la courbe) où chaque effort supplémentaire produit à nouveau de faibles résultats additionnels (non pas parce que vous n'êtes pas bon, mais plutôt parce que vous êtes au sommet de votre art et qu'on peut difficilement progresser plus à ce niveau).

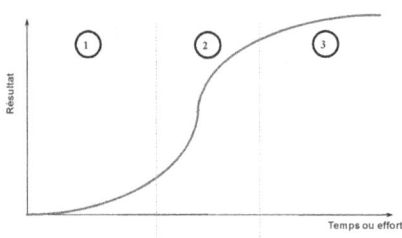

Quant on y réfléchit bien, on prend la mesure de l'universalité de ce concept. Essayez de vous rappeler lorsque vous avez appris quelque chose de nouveau (patiner sur la glace, faire des maquettes, nouer un hameçon sur une ligne...). Si vous avez été un tant soit peu tenace, vous avez forcément connu les trois étapes de la courbe en S.

Alors en tant que dirigeant, transposez maintenant le principe dans votre façon de voir et de diriger votre entreprise ainsi que vos collaborateurs. Peut-être serez-vous moins impatient si certains résultats n'arrivent pas assez vite et chercherez vous alors à mieux comprendre les conditions de progression de vos collaborateurs sur la courbe. Mais surtout, comprenez l'immensité des possibilités qui s'ouvrent devant vous et devant vos équipes. Quand on sait se situer sur cette courbe magique, on peut doser les efforts, répartir les ressources, arrêter d'insister dans des directions sans progrès et "mettre le paquet" sur les axes qui en ont besoin! Amusez vous donc à réévaluer tous vos projets en cours, à l'aune de ce concept... Demain matin, sans attendre!

GESTION FINANCES

"De chaque difficulté, le versant positif tu chercheras"

Je ne sais pas pourquoi, dès qu'on évoque ce sujet, on provoque des réactions vives, des sarcasmes et l'inévitable invocation de la "méthode Coué" tournée en ridicule.

Pourtant c'est bien dans cette attitude, dans cette disposition d'esprit que se trouvent les clés de la réussite, toutes activités humaines confondues.

Vous connaissez beaucoup de grands champions pessimistes, vous?

Vous connaissez beaucoup de success-stories portées par des déprimés notoires, vous?

Moi non.

Et je peux affirmer que j'ai systématiquement cherché à scruter le fond du cœur et de l'âme (j'ai essayé les deux parce que je ne sais pas où se loge le truc) de tous les dirigeants que j'ai pu connaitre ou conseiller pour arriver à comprendre leurs mécanismes de fonctionnement. Tous ceux qui réussissent, sans exception, ont cette espèce de foi inébranlable dans ce qu'ils font, cette capacité à voir le versant positif ou potentiellement positif de chaque événement quel qu'il soit. Pourtant parfois c'est une pâle lueur au fond d'un trou noir, mais eux, la voient cette lueur, pendant que les autres n'appréhendent que l'immensité obscure et déposent les armes.

En réalité dans la plupart des cas, les railleries à propos de la pensée positive viennent de ceux qui n'y comprennent rien. Et s'ils n'y comprennent rien ce n'est pas par bêtise ou insuffisance intellectuelle, c'est tout simplement parce qu'ils n'ont pas fait l'effort, pris le temps d'essayer d'appréhender réellement ce qu'il y a derrière ce concept de pensée positive. Bien sûr qu'il ne suffit pas de se dire "tout va bien" pour que tout aille bien (voir à ce sujet le sketch hilarant de Dany BOON) ; bien sûr qu'il ne suffit pas de se consoler en ne retenant que le détail positif dans un océan de problèmes et de catastrophes. Mais c'est justement parce qu'on ne peut pas changer les faits et la réalité aussi dure soit-elle, qu'on doit mettre tout le paquet sur la seule chose qu'on peut changer: nous-mêmes et surtout notre attitude face aux événements ou aux informations.

Nous disposons d'une liberté extraordinaire devant chaque événement, devant chaque information négative qui nous arrive: La liberté de nous laisser impacter durablement, ou la liberté de poursuivre notre chemin, de ne pas focaliser sur l'impact en question mais de focaliser sur la plus petite once de positif que nous pouvons entrevoir en toute situation. Cela ne change pas les faits par magie, mais cela nous donne la force de continuer…et de changer les faits ensuite.

Connaissez vous l'histoire de ces deux évadés de prison attachés l'un à l'autre qui pour fuir leurs poursuivants se sont enfermés dans le coffre d'une voiture abandonnée sur le bord d'une route Américaine. Pris au piège ils sont restés plusieurs jours dans une chaleur extrême. Lorsqu'on les a retrouvés l'un était mort, l'autre vivant, alors qu'ils avaient séjourné dans des conditions strictement identiques. Lorsqu'on a interrogé le survivant sur les raisons de sa survie, il a simplement répondu "j'étais sûr qu'on viendrait nous chercher". Ne rien comprendre à la pensée positive ce serait d'imaginer que grâce à cette "philosophie" le séjour dans le coffre de voiture n'a été que plaisir et bonheur. Comprendre la pensée positive c'est admettre l'idée que lorsqu'on trouve une toute petite raison d'espérer, y compris dans un contexte terrible, on est capable de choses incroyables.

Alors tant pis pour les sarcasmes, les railleries, les ricanements…je persiste et signe. Et je vous invite à expérimenter le parti pris pour le positif.

PERSO DIRIGEANT

"Tes objectifs personnels, tu visualiseras"

Voila un sujet que j'adore!

Comme pour le sujet précédent, j'entends d'ici les railleries, les sarcasmes ou dans le meilleur des cas, les doutes sincères face à l'efficacité de ce que j'appellerai globalement la visualisation créatrice.

Les indécrottables cartésiens ou sceptiques de tout poil vont se jeter à corps perdu dans une critique acerbe de ce qui s'apparente à leur yeux à du charlatanisme teinté new âge. Grand bien leur fasse!
En face on trouvera des pseudos gourous promettant monts et merveilles à celui qui acceptera "d'ouvrir ses chakras".

Tenons-nous à distance de tels extrêmes et raisonnons un instant.
A minima, la visualisation créatrice agit sur un individu comme un plan stratégique agit sur une entreprise toute entière. Si on peut avoir des doutes sur la réalisation des "prophéties" issues de la visualisation, on peut avoir autant de doutes sur la réalisation des "prophéties" issues des PowerPoint, Excel et autres business plan qui nous promettent des lendemains qui chantent dans les plans stratégiques.
Je n'ai jamais vu un plan stratégique se réaliser comme prévu et dans les délais prévus. Les plans stratégiques sont-ils pour autant inutiles et bons à jeter? Sûrement pas! Car l'intérêt d'un plan stratégique va bien au-delà de l'atteinte de tel ou tel objectif. Le véritable apport d'un plan stratégique c'est qu'il met les équipes et toute l'entreprise en marche, dans une direction, précise et choisie.

Il en va de même pour la visualisation. Peu m'importe de savoir si la visualisation est réellement créatrice, si les prophéties sont auto réalisatrices, si elle met en branle des forces occultes, se connecte à la matrice universelle… ou que sais-je encore. Ce que j'ai vu, constaté, vérifié tout au long de ma carrière de consultant au plus près des entreprises et de ceux qui les dirigent ; c'est que les patrons qui réussissent durablement ont toujours une vision très claire de ce qu'ils veulent. Cette vision n'est pas toujours apparente pour les tiers, parce qu'elle recèle souvent des éléments d'intimité qu'on n'a pas envie d'étaler, mais je vous garantis qu'elle est bel et bien présente chez les "performers".
Si vous n'avez pas encore fait cet exercice, allez y. Essayez de visualiser (et d'écrire si vous en avez besoin) la situation idéale de votre entreprise et votre vie dans cette entreprise. Vous verrez que ce n'est pas si facile que cela, tant notre esprit est distrait, incapable de se focaliser sur une image nette plus de quelques secondes. Vous verrez aussi à quel point notre éducation nous a éloignés de nos capacités d'imagination et de création, en faisant surgir à chaque idée des obstacles de toutes sortes: "non", "c'est impossible", "trop dur", "réservé aux grands"….Faites donc l'effort intellectuel de balayer progressivement les obstacles qui se dressent devant vos désirs et payez vous la boite de vos rêves! C'est plaisant, c'est gratuit, c'est sans limites, c'est modifiable à tout moment, et vous n'imaginez pas encore ce que cela va vous procurer.
PERSO DIRIGEANT

100 Jours pour changer ma boite!
Les KOANS de la sagesse stratégique

46

"Un plan stratégique tu rédigeras"

Justement, en lien avec le KOAN précédent, la planification stratégique, parlons en!

Il y a beaucoup de malentendus autour de la stratégie et de son élément le plus visible, le **Plan Stratégique**.

Les vertus supposées de la planification stratégique ne sont pas forcément ses vertus réelles.

On assiste souvent à des comportements excessifs en la matière avec une oscillation entre l'absence de planification stratégique et la mise en place de plans aux prétentions démesurées.

A ceux qui pensent que la planification ne sert à rien parce que de toute façon, on ne peut pas prévoir ce qui se passera dans l'avenir, je réponds, continuez à naviguer à vue, mais alors ne vous plaignez pas lorsque vous vous échouerez sur des récifs. Se plaindre de l'existence de récifs ou de vents contraires (la règlementation, la concurrence étrangère, l'exigence d'un donneur d'ordres, la volatilité des clients...) n'a jamais fait disparaître ces obstacles. Le rôle d'un dirigeant, est de "faire avec" soit en improvisant, soit en essayant d'anticiper et de contourner.

A ceux qui croient qu'on peut tout mettre en équation, tout définir et tout prévoir en réalisant des plans hyper sophistiqués, je réponds, ne vous donnez pas tant de mal car la plupart de vos hypothèses d'aujourd'hui seront balayées par les bourrasques du marché.

Mais alors me direz-vous, à quoi bon faire de la planification stratégique? Comme toujours, la vérité se trouve dans la nuance, dans l'équilibre et dans l'acceptation de l'imperfection.

J'affirme haut et fort qu'un Plan stratégique n'est pas fait pour voir s'accomplir les prévisions qu'il contient. L'utilité majeure d'un plan stratégique réside dans l'exercice lui-même.

Le simple fait de décider qu'on va écrire un plan stratégique et de démarrer le travail, engage l'entreprise dans un cercle vertueux quasiment sans limites. Que vous entamiez la démarche pour la première fois, ou que vous remettiez l'ouvrage sur le métier pour la nième fois, les vertus sont les mêmes. Il va falloir se poser une série de questions cruciales.

D'abord des questions de forme:

- Qui participe à la démarche, quel groupe de travail, quel processus de décision?
- Comment communiquer auprès du groupe de travail, mais aussi auprès de ceux qui n'en font pas partie?

Puis des questions de fond:

- Quelles sont nos valeurs, quelle est notre cadre de référence, quels sont nos métiers, quelle est notre vision...?
- Quelles sont nos forces et faiblesses internes?
- Quel est notre environnement, quels sont nos marchés, qui sont nos concurrents, quelles sont les menaces et les opportunités qui se présentent?
- Quels sont les facteurs clés de succès dans nos différents métiers?
- Comment fait-on la synthèse entre tous ces éléments?

Le simple fait de vous poser ces questions va vous conduire à mener des analyses, des réflexions auxquelles vous ne vous seriez probablement jamais livré. Elles vont vous permettre de mettre le doigt sur toutes sortes de carences, mais en même temps, d'objectiver des forces, de mettre en évidence des ressources insoupçonnées. Quel que soit l'usage que vous en ferez à court terme, tout ce matériau sera hautement profitable, tôt ou tard.

STRATEGIE

"A ta gestion du temps une grande attention tu porteras"

C'est l'apanage des grands maîtres.

Habitué à côtoyer des dirigeants tout le temps débordés et à m'excuser du temps que je leur "vole" pour pouvoir faire mon travail, j'ai souvent été étonné (et enchanté) de la tranquillité et de la disponibilité de certains chefs d'entreprise. Pourtant, comme leurs collègues stressés, ils doivent gérer des problèmes commerciaux, industriels, humains, financiers, administratifs…et ils demeurent néanmoins disponibles.

Le temps est la ressource à la fois la plus rare et la plus abondante qui nous soit donnée. Abondante, on ne s'en rend pas compte. Normal, c'est un peu comme l'eau. Vous, qui comme moi, avez la chance de vivre et d'avoir grandi dans un pays ou l'eau potable est abondante, n'avez vous jamais songé au peu de cas que nous y faisons ? Pour prendre conscience de cela, il suffit de se trouver dans un pays où l'eau du robinet n'est pas potable et en manquer un peu. Cela m'est arrivé à maintes reprises, mais je pense surtout à un séjour en Ukraine juste après Tchernobyl et la fin du communisme où il n'était pas question de boire de l'eau non bouchée. Un soir, je me souviens avoir fait plusieurs kilomètres à pied pour trouver un kiosque ouvert ayant des bouteilles d'eau minérales à vendre. Je les ai payées plus cher que la Vodka locale (ce qui a fait beaucoup rire mes amis Ukrainiens) et n'ai rien trouvé à y redire. J'étais content, tout simplement ! Et là j'ai pris conscience du peu de cas que nous faisons de notre eau si bonne et si abondante. On peut faire exactement le même raisonnement sur le temps. Savourez son écoulement comme vous savoureriez une douche délicieuse après une traversée du désert.

Autre caractéristique du temps qui favorise la gabegie: c'est gratuit et nous avons tous droit à la même quantité.

En fait, comme le dit le célèbre coach américain Bob Proctor « on ne gère pas le temps, qui nous échappe par définition. On gère des activités ». D'après lui, il suffit d'une approche très simple et d'un peu de rigueur pour s'en sortir : Définir un nombre limité de tâches importantes dans la journée (5 à 6 maximum). Se focaliser totalement sur la tâche 1 sans penser aux autres. Lorsqu'elle est terminée passer à la tâche 2 en oubliant la précédente et toujours sans penser à la suivante… et ainsi de suite.

J'avoue humblement, avoir toujours eu les pires difficultés à gérer mon temps, c'est dire si ce programme m'intéresse. J'ai donc essayé et cela fonctionne… un certain temps, puis les portes et les fenêtres de l'esprit s'ouvrent à nouveau et on se retrouve submergé, balloté, malmené par toutes sortes de sollicitations. J'ai également testé un séquençage des activités par tranches de 45 mn (au delà on se disperse forcément) ; l'idée étant de se consacrer **totalement** à une tâche en s'interdisant toute distraction pendant les 45 mn. A l'issue des 45mn on dispose de 15 mn pour laisser libre cours à tout ce qui nous aurait perturbé avant (buller, boire un coup, faire pipi, regarder ses mails, rappeler quelqu'un…). C'est vraiment la récré! Et on peut repartir ainsi pour une autre séquence.

Il existe des tas de méthodes toutes aussi intéressantes les unes que les autres, c'est à chacun de tester celle qui lui convient. Mais ce qui me semble crucial et que j'ai pu observer chez les " maitres du temps " c'est la conscience, l'attention portée à la notion de temps. Posez vous un instant, essayez de reconstituer le fil de votre journée. Aviez vous vraiment conscience du temps qui passait, ou avez vous gâché cette ressource merveilleuse en laissant le robinet ouvert, sans même y penser ?

PERSO DIRIGEANT

"Des circonstances jamais tu ne te plaindras"

Il n'y a rien de plus antinomique que les jérémiades et la direction d'entreprise.

Embrasser une carrière de dirigeant c'est adopter le principe de responsabilité et le principe de réalité.

Un marin qui se plaindrait du vent, de la tempête et des vagues, n'aurait aucune chance de survie en pleine mer, il devrait rester à terre.

Il en va de même pour les dirigeants d'entreprise.

Si vous n'acceptez pas l'idée d'être balloté par les événements, impacté par des agressions venues de toutes parts, il vaut mieux rester à quai et choisir un travail moins exposé.

Mais si vous avez fait le choix de la direction (quelle que soit la taille de l'entreprise), alors vous devez accepter votre sort de dirigeant et entrer de plain pied dans le principe de responsabilité.

Il est strictement inutile de vous plaindre des circonstances car vous ne pourrez pas les changer. Pire, l'énergie mentale que vous dépensez à vous plaindre, vous fera forcément défaut par ailleurs.

Concentrez donc votre énergie sur ce qui est de votre ressort, sous votre pouvoir.

Les lenteurs administratives gênent vos affaires? Inutile de pester ou de vous plaindre. Voyez comment contourner le problème, comment dégager du temps par ailleurs, engagez des actions collectives pour les changer, ou encore délocalisez votre entreprise vers d'autres zones si ce point est vital pour vous...

Vous avez des clients pénibles et tyranniques? Songez à la diversification et envoyez-les au diable ou inversement repensez votre organisation pour coller au mieux à leurs exigences.

Vos salariés sont des traine-pieds? Robotisation intégrale!...ou refondation totale de vos relations sociales...

Je vous propose des réponses extrêmes pour stimuler votre imagination mais, bien entendu une infinité de solutions existent toujours graduellement entre deux extrêmes.

En clair, agissez. Prenez acte de la situation et agissez!
L'action est la meilleure potion pour le dirigeant, elle soigne tous les maux. Bien entendu, n'allez pas dévoyer ma suggestion et confondre action avec agitation ou spasmes. J'entends par action la mise en œuvre immédiate de forces (les vôtres, celles de vos collaborateurs, de vos machines...) dans une direction précise avec des objectifs définis. Vous ferez certainement des erreurs, regretterez certains résultats, mais jamais d'avoir agi, tant les vertus du mouvement sont grandes. Quand vous faites mouvement, vous avez déjà commencé à changer la réalité et vous n'avez plus de temps pour vous apitoyer sur votre sort.
Alors, Action!

PERSO DIRIGEANT

"La culture client à tes équipes tu insufleras"

La plus grosse erreur qu'on puisse faire en matière commerciale c'est de considérer que le commercial c'est l'affaire des commerciaux, seulement des commerciaux.

J'ai vu de près les ravages d'une telle conception de la relation client.

Il ne sert à rien d'avoir des équipes commerciales hyper affutées, volontaires, motivées, ultra performantes, super organisées, si derrière, le reste de l'entreprise ne suit pas dans le même état d'esprit. L'impact négatif est double: Sur les clients et sur les équipes commerciales.

Je vais vous raconter une histoire, l'histoire d'un client potentiel.....Dans le jargon commercial on appelle cela un prospect. Dans l'entreprise à laquelle je pense, grâce à une équipe commerciale très performante, les prospects étaient "bichonnés", faisaient l'objet de mille attentions. Mais après signature d'un premier contrat (en général important car il s'agissait de biens d'équipement) le prospect en question se transformait en client et passait des mains suaves du service commercial aux mains rugueuses d'un service "Administration des ventes et contrats" dirigé de main de fer par un ogre en jupons dont la seule motivation semblait être de broyer du client et d'avoir "contractuellement raison". Cette douche écossaise a nuit à cette entreprise bien plus gravement que toutes les attaques de la concurrence: Clients frustrés et insatisfaits, commerciaux en conflit interne et souvent découragés par les réactions d'agressivité des clients...

Inversement j'ai connu des entreprises qui ne montraient pas forcément des signes extérieurs de dynamisme commercial mais dans lesquelles tous les collaborateurs, du DG au magasiner en passant par la secrétaire comptable étaient concernés par la "chose commerciale". C'est ainsi qu'une entreprise développe sa surface de contact avec le marché, et décuple ses capacités de satisfaction client.

Alors s'il n'est pas question de nier les tensions naturelles qui naissent entre des services commerciaux et des services internes, il faut tout de même rappeler que pour le client, l'entreprise constitue un tout, une entité dont il est en droit d'attendre un comportement cohérent. Veillez donc à harmoniser le comportement de <u>toutes</u> vos équipes vis-à-vis de vos clients. Si vous considérez que la cohérence n'est pas au rendez vous agissez, lancez des opérations de formation, des réunions d'échange entre commerciaux et services internes, organisez des visites clients avec des tandems commerciaux/internes...

MARKETING/VENTES

"Les événements tu provoqueras"

Selon Philip KOTLER (cité dans les KOANS 3 et 13) il existe trois types d'entreprises:
Celles qui contemplent les événements
Celles qui cherchent à les comprendre et
Celles qui les provoquent.
Sortant de la bouche du Pape Américain du Marketing, qui a conseillé les plus grandes multinationales mondiales on pourrait penser qu'il s'agit encore d'une de ces affirmations à l'emporte pièce destinée exclusivement aux grandes entreprises.
Détrompez-vous. Bien au contraire, cette pensée est d'une portée totalement universelle, et moi qui passe mon temps dans des PME et TPE, je peux vous garantir qu'elle s'applique à vous, dirigeants d'entreprises à taille humaine. Explication:

Les entreprises qui contemplent les événements sont malheureusement trop nombreuses surtout parmi les petites. D'ailleurs il s'agit plutôt des dirigeants que des entreprises. "C'est plus comme avant", "les affaires sont plus difficiles", "les commandes n'arrivent plus"....Autant d'affirmations souvent très vraies factuellement mais qui révèlent un état d'esprit défaitiste et passif.

Les entreprises qui cherchent à comprendre les événements, ne se contentent pas de subir mais tentent d'analyser leur environnement, pour s'y adapter tant bien que mal. Elles réagissent et se trouvent souvent dans des positions défensives.

Les entreprises qui provoquent les événements, contrairement aux deux catégories précédentes sont à la manœuvre, elles sont proactives. Oui me direz vous mais c'est facile de provoquer un événement quand on s'appelle Apple, Microsoft ou Danone ; alors que la PME qui ne pèse rien sur son marché n'a pas de pouvoir d'influence. C'est précisément là que ce situe l'erreur de raisonnement et l'incompréhension de ce qu'a voulu dire KOTLER. Il est bien évident que la capacité d'impact d'une PME sur les événements extérieurs est très faible. Mais qui a parlé de provoquer les événements extérieurs? Commencez donc par provoquer les événements qui vous concernent, qui vous arrivent, à vous! Et là, votre pouvoir est total, votre responsabilité entière. En fait, KOTLER ne dit rien d'autre que "vous avez votre avenir entre vos mains". Si vous vous lancez sur un nouveau marché, ou tout simplement créez une nouvelle offre, vous allez provoquer les événements qui vous arriveront ultérieurement (un accroissement du CA ou un échec commercial, une modification de votre image...).

Trop de dirigeants de petites entreprise ont perdu de vue le fait qu'ils sont pleinement responsables de la situation de leur entreprise et qu'ils peuvent à tout moment la faire évoluer. Sortez un instant de votre quotidien et demandez vous quelles sont dans votre situation actuelle, les choses que vous avez subies et celles que vous avez provoquées. Essayez alors de voir si vous ne pouvez pas en provoquer de nouvelles. Comment? Par l'action: modifiez votre offre, modifiez votre communication, changez d'organisation, ...

STRATEGIE

"Sur le terrain commercial fréquement tu te rendras"

Mea culpa: Je suis de formation commerciale, j'ai été directeur commercial et je continue à vendre tous les jours pour faire vivre ma boite.

Donc forcément dans la culture dominante du monde de l'industrie en France, je suis un vilain petit canard, soupçonné de fourberie, de mensonge permanent et de je ne sais quelle autre tare diabolique généralement attribuées aux commerciaux.

Pourtant la position que je vais défendre dans ce KOAN, n'est pas que la mienne (forcément suspecte compte tenu de mon parcours). Non, c'est aussi celle de nombreux dirigeants non commerciaux de formation ou de culture et souvent techniciens incorrigibles.

Des dizaines d'entre eux, m'ont avoué - un tant soit peu penauds- qu'après avoir dit pique pendre de la vente et des commerciaux, ils étaient bien obligés d'avouer que "le commercial c'est la locomotive de l'entreprise". Mais surtout, au-delà de cette prise de conscience salutaire, les plus performants d'entre eux se sont aperçus que chaque immersion dans le terrain commercial produisait pour eux des effets extraordinaires: Cure de jouvence pour les uns, puits d'idées et de remises en cause pour les autres...

Ce n'est donc pas le Marketeur impénitent qui parle, mais bien des dirigeants d'entreprises ayant expérimenté les apports extraordinaires d'un passage sur le terrain.

A chaque fois que votre réflexion ou votre réactivité sont en panne, ou si tout simplement vous ne l'avez pas encore fait par manque de temps, organisez vous une petite tournée de terrain chez les clients, avec ou sans vos commerciaux. Vous n'imaginez pas la quantité d'informations vitales que vous allez glaner, vous n'imaginez pas à quel point votre créativité va être stimulée, vous n'imaginez pas à quel point vos client seront contents de vous voir et enfin, vous constaterez les effets bénéfiques de ces sorties sur vos équipes de terrain qui auront enfin l'impression qu'on s'intéresse à elles. Bien entendu en compensation de tous ces bienfaits, il se peut que vous preniez quelques "baffes", mais elles seront peut-être méritées et vous aideront à mieux comprendre la condition quotidienne de vos équipes commerciales. Pour ceux qui n'ont pas d'équipe commerciale, la nécessité de sortir voir les clients est évidemment d'autant plus importante.

MARKETING/VENTES

"Des plans d'action datés tu imposeras"

Les plans d'action ne sont rien d'autre que la feuille de route opérationnelle des Plans Stratégiques. Ils s'inscrivent donc dans la droite ligne des Plans Stratégiques, et tout ce qui a pu être affirmé sur ce thème (KOAN N°40) est valable pour les Plans d'Action. La vertu principale d'un plan d'action réside précisément dans le fait qu'il ne restera pas au stade du papier et qu'on va passer à la mise en œuvre, l'action. C'est pourquoi, dans le Plan d'Action on doit quitter les grands principes et entrer dans l'univers du factuel, daté, précis, rugueux... Mais comme leurs grands frères les Plans Stratégiques, les Plans d'Action n'échappent pas à deux catégories d'écueils principaux:

La procrastination écrite, qui consiste à consacrer une énergie folle à écrire des plans d'action précis, avec des tâches, des sous-tâches datées et affectées à des personnes ...qui ne les mettront jamais en œuvre.

Le "bordélisme" rampant qui bien que partant d'une bonne intention (un premier jet de plan assez précis) consiste à renoncer, de réunion en réunion, au suivi des différentes tâches, au prétexte que "cela bouge tout le temps" ou que "on n'a pas le temps de faire de la paperasse"...

Il faut bien admettre que la navigation entre ces deux écueils est plus que difficile et je n'aurais pas la prétention de vous prescrire une solution, pour avoir moi-même buté sur ces extrêmes. Les dirigeants que j'ai vu réussir en la matière ont toujours su garder à l'esprit les deux ou trois points clés sur lesquels il ne fallait pas lâcher, quitte à devenir très contraignant vis-à-vis des équipes. La séquence gagnante ressemble à cela:
- **Ecriture de plans d'action précis avec participation des équipes concernées**
- **Définition en concertation (ou non) des points clés absolument incontournables**
- **Acceptation de modifications, et d'abandons si nécessaire en cours de route sur les autres points**
- **Rigueur et exigence extrêmes sur les points clés décidés précédemment**

Tout réside donc dans l'identification et le choix de ces fameux points clés, qui vont varier selon votre culture d'entreprise, vos objectifs et bien sûr, votre VISION. Ne soyez pas trop gourmand et commencez par vous limiter à un petit nombre de points clés (2 à 4 maximum) que vous élargirez si tout va bien.

STRATEGIE

100 Jours pour changer ma boite!
Les KOANS de la sagesse stratégique

53

"Le principe de Peter tu méditeras"

Selon Laurence J Peter dans son ouvrage "Le principe de Peter", tout individu tend inexorablement vers son seuil d'incompétence.
Cet ouvrage plutôt satirique et décalé que je vous invite à découvrir, m'a souvent inspiré des réflexions tandis que j'observais la vie des entreprises et de leurs dirigeants.

On pourrait penser qu'il s'agit d'une vision extrêmement pessimiste du monde puisque chacun d'entre nous serait condamné à tendre vers son seuil d'incompétence. Je vous vois d'ici trembler à l'idée de ce seuil et vous demander quand arrivera la date fatidique.
D'autres ayant allègrement dépassé le seuil en question n'en n'ont même pas conscience et causent sans s'en rendre compte de sérieux dégâts à leur entreprise.

Mais j'ai aussi vu des dirigeants faire une lecture intelligente et positive de ce concept.
J'atteins mon seuil d'incompétence ? Deux options s'offrent à moi:
M'entourer des personnes qui combleront mes lacunes.
Recharger mon capital compétence par de la formation, ou du coaching.

Dans le premier cas, on peut dire que c'est finalement ce que doit faire en permanence tout dirigeant intelligent: Identifier les points sur lesquels il n'est pas ou n'est plus performant et trouver les solutions pour pallier cette lacune, soit en embauchant, soit en sous-traitant, soit en faisant un partenariat.
Dans le second cas j'ai pu constater que les dirigeants les plus performants étaient souvent ceux qui périodiquement dans leur parcours, identifiaient des thématiques sur lesquels il leur manquait de la compétence ou nécessitant une mise à jour et s'offrant la formation correspondante. Il peut s'agir d'une formation au sens classique, d'une inscription à un webinaire, d'une participation à un cycle de conférences...Peut importe le moyen, ce qui compte c'est le principe.

La question ne concerne évidemment pas seulement le dirigeant, mais aussi tous les collaborateurs de l'entreprise. Soyez-y attentifs car un collaborateur ayant atteint son seuil d'incompétence ne doit pas rester seul avec cette question qui peut générer de très fortes tensions. Le travail d'un bon dirigeant consiste à identifier ces situations à temps et intervenir avec diplomatie car tout le monde n'a pas le détachement souhaitable par rapport à ce sujet. J'ai vu des collaborateurs coincés dans une position où se sentant dépassés, ils bloquaient la situation et perturbaient tout l'environnement de leur poste de travail en essayant de faire diversion.

Prenez le temps de vous interroger sur cette notion, tant en ce qui concerne vos équipes qu'en ce qui vous concerne personnellement. Et surtout, n'oubliez jamais qu'en cas d'atteinte ou d'approche du seuil, de nombreuses solutions s'offrent à vous, à condition de s'y prendre à temps.

RH

100 Jours pour changer ma boite!
Les KOANS de la sagesse stratégique

54

"Une bonne condition physique tu conserveras"

Dans le KOAN 27 consacré au fun, je vantais les mérites d'une capacité à se préserver des moments personnels récréatifs ou enrichissants. Le sport entre évidemment dans cette catégorie, mais élargissons un peu le débat et parlons plutôt de condition physique.

Ce KOAN n'est finalement pas très original car c'est un lieu commun que d'affirmer la nécessité de conserver une bonne condition physique, et votre médecin ne me démentirait pas. Seulement le sujet est tellement important que je suis obligé de l'évoquer, même brièvement.

C'est quoi une bonne condition physique?
Pour certains c'est courir le marathon en moins de trois heures trente ou pouvoir aligner deux heures de squash sans broncher, mais en réalité, il n'est point nécessaire de devenir un athlète de haut niveau pour garder la condition. On pourrait même soutenir le contraire tant il est vrai que le sport intensif produit des effets néfastes à terme (usure prématurée, accidents…).
La question de la condition physique pour un dirigeant doit se poser d'abord en termes de responsabilité. Un dirigeant peut-il se permettre d'infliger à son entreprise, à ses équipes, une disparition brutale ou une absence prolongée suite à un problème cardiaque ou pulmonaire?
Elle se pose bien entendu ensuite en termes de performance et il n'est pas nécessaire de se lancer dans de grandes explications à ce sujet, chacun comprendra qu'avec moins de poids moins d'excès en tous genres et un peu plus d'activité physique, tous les paramètres importants (souffle, attention, équilibre veille/sommeil) se remettent vite au vert.

Mon propos n'est absolument pas de faire des leçons de morale vis-à-vis d'excès dont je ne suis moi-même pas exempt, mais simplement de témoigner comme le veut ce livre, et de dire ce que j'ai vu. J'ai vu des dirigeants aux allures de pères tranquilles qui arboraient une condition physique extraordinaire grâce à quelques règles simples (que les sportifs acharnés ne se sentent pas exclus, je les félicite également).

A peu près tous les gens que je connais trouvent normal de consacrer entre 20mn et 1h quotidiennes à leur hygiène corporelle (douche, dents, rasage…). Qui parmi les dirigeants, consacre ne serait-ce que 15 à 30 mn quotidiennes à sa condition physique ? Les dirigeants performant et en bonne condition physique dont j'ai parlé ont tous cette habitude de réserver quotidiennement, une part de leur temps à quelques exercices simples ne nécessitant aucun équipement et pouvant être faits n'importe où, y compris dans une chambre d'hôtel. Cela suffit pour ce dont nous parlons, à une condition : La régularité. Alors n'attendez pas le 1° janvier ou une alerte de votre médecin pour prendre cette bonne résolution. Cela commence, maintenant, tous les jours…

PERSO DIRIGEANT

100 Jours pour changer ma boite!
Les KOANS de la sagesse stratégique

55

"Des relations publiques, un maître tu deviendras"

La notion de relations publiques est souvent mal connotée chez les dirigeants d'entreprise qui portent un soupçon de légèreté, de futilité voie de malhonnêteté sur ce domaine.
Sans nier le versant "paillettes" et le risque de dispersion qu'on peut trouver dans l'exercice de relations publiques, il n'en reste pas moins que la chose est fondamentale et qu'elle constitue l'une des fonctions "régaliennes" du dirigeant.

Quelque soit le cercle relationnel, en tant que dirigeant, il y a forcément un ou plusieurs cercles relationnels dans lesquels vous devrez faire œuvre de relations publiques.
A Davos, dans les couloirs de l'union Européenne, ou de l'ONU si vous êtes un grand de ce monde…
Dans les couloirs de votre ministère de tutelle, de votre conseil régional ou général, de votre mairie…
Au sein d'un syndicat professionnel dans un club de dirigeants, à la machine à café de votre entreprise, sur les marchés de votre ville ou encore à l'assemblée générale de l'association des cracheurs de noyau d'olive…
Ce n'est pas à moi de vous dire quel est le bon cercle où vous devez aller **perdre du temps.**

Le mot est lâché. Perdre son temps.
Bien sûr qu'un dirigeant d'entreprise a toujours mille choses à faire plus importantes d'un point de vue opérationnel que d'aller trainer je ne sais où.
Pourtant je vous encourage vivement à aller trainer dans ce n'importe où. C'est là que vous vous mettez en position de **capter** et **d'émettre**.

Capter des informations d'apparence souvent anodine (les signaux faible comme on dit en intelligence économique), capter des tendances, une ambiance, des opportunités naissantes.

Emettre des signaux en cohérence avec votre vision de l'entreprise, vos objectifs à long moyen et court terme (le cercle choisi changera probablement en fonction de l'éloignement du terme), en clair tout ce qui peut exprimer et affirmer le positionnement de votre entreprise, son image, son impact auprès des autres.

Alors n'attendez pas, allumez votre "radio relations publiques" et commencez dès aujourd'hui à capter et émettre. Pensez vous qu'il soit possible de capter une radio qui n'émet pas? Pensez vous qu'il soit possible de recevoir les nouvelles si votre poste est éteint? Branchez donc votre radio, je ne doute pas que vous trouverez les bonnes fréquences.

PERSO DIRIGEANT

100 Jours pour changer ma boite!
Les KOANS de la sagesse stratégique

56

"Aux greentechs tu t'intéresseras"

Mais que viennent faire des considérations sectorielles (donc spécifiques) dans un ouvrage de portée générale sur la stratégie d'entreprise et la vie des dirigeants?
J'admets qu'on peut se poser la question.
Mais à cette question, on peut apporter une réponse simple: C'est une opportunité historique, une tendance lourde et un phénomène totalement transversal, applicable à tous les secteurs.
Toute l'activité humaine peut (et doit, selon certains) être "verdie".

Même si la préoccupation environnementale n'occupe pas encore tous les esprits et est souvent cataloguée comme une préoccupation de pays riches, la tendance est maintenant durable (sans jeu de mots) et tout bon dirigeant doit se demander si son entreprise peut y répondre, même partiellement.
La question environnementale est encore souvent vécue comme une contrainte, une menace, un carcan supplémentaire qui pèsera sur nos entreprises, et souvent à juste titre. Mais n'oubliez jamais, que dans une réflexion stratégique, une menace identifiée à temps (et si possible avant ses concurrents) peut se transformer en une incroyable opportunité.

Et à ceux qui ne sont pas sensibles au discours environnemental, et qui considèrent les défenseurs de l'environnement comme de doux rêveurs (au mieux) ou comme (au pire) de dangereux interventionnistes de gauche à tendance totalitaire, je conseillerai de voir ce qui se passe du côté des USA en la matière. Vous serez d'accord avec moi qu'on ne peut pas soupçonner les entrepreneurs et les business-angels de la Silicon Valley d'une quelconque sympathie idéologique avec le bolchévisme et toutes les doctrines interventionnistes. Pourtant il se pourrait bien que la prochaine révolution industrielle, liée aux éco industries nous vienne une fois de plus de la Silicon Valley (je vous conseille pour cela, l'excellent livre de Dominique NORA, "Les pionniers de l'Or vert" ou celui non moins excellent de Michel KTITAREFF "Révolution verte: enquête dans la Silicon Valley" qui avaient vu déjà dès 2009 l'émergence du phénomène aux USA).
Tout simplement parce que les entrepreneurs américains sont en train de transformer la menace règlementaire environnementale en une formidable opportunité. Là où certains d'entre nous ne voient que contraintes et entraves supplémentaires, eux voient un nouveau terrain de jeu où tout est encore à inventer (surtout les règles du jeu entrepreneurial). Et dans un tour de passepasse stratégique, la menace environnementale devient soudain "Greenbusiness".

Au lieu de vous demander comment vous allez vous mettre aux normes (ce qui bien entendu est nécessaire et probablement pénible), vous êtes-vous demandé comment votre entreprise va pouvoir profiter de ces formidables gisements de marchés naissants? C'est valable pour les produits, les débouchés, mais aussi pour les process ou les formes d'organisation interne. Faites donc un peu de "jus de crâne" sur la question ; et avec de la chance il sera peut-être... vert.

INNOVATION

"L'amélioration continue tu pratiqueras"

L'amélioration continue est un principe de bon sens qui s'applique absolument à tous les domaines et qu'en réalité nous pratiquons tous sans le savoir dans certains compartiments de notre vie. Si vous avez comme moi de longues années de conduite automobile derrière vous et que vous songez à l'époque où, maladroit(e), un peu emprunté(e) vous tentiez d'apprendre à conduire et à vous mouvoir dans le flux tumultueux de la circulation, que constatez-vous? Qu'un abîme sépare ces deux versions de vous-même. Vous avez appris et progressivement, vous avez amélioré chacun de vos gestes pour arriver à une synchronisation parfaite. Et bien sûr, cet exemple vaut pour des dizaines ou des centaines d'autres compétences que vous avez développées au fil du temps. Simplement, souvent, cette progression se fait de façon inconsciente, non maitrisée.

Maintenant, transposez ce concept dans votre entreprise et multipliez-le par le nombre de collaborateurs ou partenaires qui y travaillent. Et enfin, demandez-vous ce qui peut se passer si chacun, (à commencer par vous), chaque jour, dans chacune de ses tâches se demande consciemment comment il peut améliorer son geste, optimiser sa contribution? Vous obtiendrez immanquablement des performances inédites.

Cette façon de faire a été modélisée, pensée sous différentes formes, mais l'esprit est toujours le même, c'est celui des arts martiaux, des arts tout court: répéter le geste avec application, concentration et pleine conscience pour l'améliorer peu à peu.

Dans les méthodes Japonaises d'amélioration de la productivité on parle de Kaizen (recherche de l'amélioration par chaque travailleur à son poste de travail).

Les Américains on formalisé le Lean qui se décline en Lean Manufacturing, Lean Office...

Vous entendrez parler de la roue de Deming qui enchaine dans une itération sans fin les notions de Planification, Réalisation, Mesure, Amélioration...

Les approches sont multiples mais sur le fond elles traitent toutes de la même chose et s'appuient toutes sur ce principe d'amélioration continue.

Quelle que soit la taille ou l'activité de votre entreprise, vous gagnerez à vous familiariser avec ces concepts. Si vous avez une entreprise de production, vous n'avez aucune excuse, ces méthodes sortent des usines de champions Japonais et Américains et ont été largement adaptées à la PME ou à des productions autres que la grande série. Pour les autres types d'entreprises, vous ne pourrez peut-être pas appliquer systématiquement une méthode clés en mains (quoique le Lean Office soit conçu pour les activités tertiaires), mais si vous adoptez l'esprit qui sous-tend ces méthodes je vous garantis d'heureuses surprises.

ORGANISATION

"Les TIC à fond tu exploiteras"

Technologies de l'Information et de la Communication.

Voilà ce que veut dire TIC. En d'autres termes, tous les nouveaux outils liés à la révolution numérique. Internet, téléphonie mobile, réseaux sociaux.

Sur ce thème, j'ai pu côtoyer toutes les extrêmes (et aussi l'infinité de positions qu'il y a entre les deux), depuis le patron "GEEK" fanatique des outils numériques jusqu'au réfractaire total se faisant imprimer les mails par son assistante.

Quand on dirige une entreprise, la question n'est pas de savoir si on aime ou non ces outils. Leur développement exponentiel et les gains de productivité qu'ils procurent écartent donc toute discussion sur leur adoption ou non.

Les vraies questions posées portent sur la dose de numérisation de l'entreprise et les choix qui sont faits pour sa mise en œuvre. Car il est vrai qu'on peut, au final consommer énormément de temps dans la mise en place ou l'utilisation de tels outils.

Je ne parlerai pas ici des dirigeants naturellement enclins à utiliser ces outils si ce n'est justement, pour les mettre en garde contre ces pertes de temps (mais je les renvoie au KOAN suivant).

Je m'intéresserai à ceux qui n'ont pas d'attirance particulière pour les TIC, voire les réfractaires. On les trouve, il est vrai plus fréquemment dans les générations de dirigeants "expérimentés". Pourtant, parmi eux, plusieurs de mes clients donc peu favorables au sujet et peu équipés à titre personnel m'ont donné de véritables leçons d'usage efficace des TIC. Ils ont parfaitement compris le parti que pouvait en tirer leur entreprise et considèrent le sujet comme un domaine de performance et d'expertise qui ne nécessite pas de prise de position personnelle du type "pour ou contre". C'est une ressource qui pour eux, doit simplement être maitrisée par l'entreprise. La façon dont ils s'assurent cette maitrise, relève ensuite d'une simple décision de gestion: recours à des prestataires extérieurs spécialisés, recrutement d'une ressource interne dédiée, formation et montée en compétence d'un collaborateur, ou de tous...

Comme ces dirigeants, si les TIC ne sont pas votre tasse de thé, considérez-les comme un des leviers de la performance au même titre que les autres (qualité, organisation, innovation...). A-t-on besoin d'être un fana de la qualité à titre personnel pour avoir une entreprise certifiée? Non. Il en va de même pour les TIC. Soyez curieux et observez de près les évolutions en la matière, sans forcément entrer dans la technique, juste au niveau fonctionnel et service rendu. Faites en sorte de disposer d'une ressource (interne ou externe) capable de vous traduire tout ce charabia technique et surtout de vous tenir à jour compte tenu de l'extrême rapidité des évolutions. Puis appliquez les outils qui correspondent à vos besoins, comme vous le feriez pour choisir une machine de production ou un nouveau transporteur. Simplement.

ORGANISATION

"Des TIC tu te méfieras"

Vous l'avez compris, depuis le début de cet ouvrage, quand je vante les mérites d'une méthode, d'une approche, d'un concept, je m'empresse quelques KOANS plus tard d'alerter le lecteur sur les excès, les dérives de la chose en question. Il ne s'agit pas d'un effet de style, mais d'une nécessité absolue, tant il est vrai que dans le domaine du pilotage d'entreprise (comme dans beaucoup d'autres) rien n'est totalement noir ou blanc, positif ou négatif.

Les TIC n'échappent pas à la règle.

Le raisonnement sur ce sujet est finalement binaire: soit vous êtes un "GEEK" soit vous ne l'êtes pas.
Dans le premier cas, les TIC c'est votre truc (GEEK, TIC, truc, tiens, ça sonne pas mal…). Et parce que c'est votre truc j'ai au moins deux raisons de ne pas vous donner de leçons. Premièrement en tant que "GEEK" vous avez certainement accumulé un savoir faire qui vous met à l'abri d'une partie des affres que je développerai un peu plus bas. Deuxièmement puisque c'est votre truc, finalement je n'ai aucune raison de vous empêcher de faire ce qui vous plait, même si cela pouvait engendrer des pertes de temps, des problèmes divers. Je m'interdis cette intrusion dans votre légitimité de dirigeant au nom des KOANS 27 et 48 dans lesquels je vous exhorte à laisser un peu de place à des choses qui vous plaisent, sans préjuger de leur impact sur la vie de l'entreprise.

Mais si vous êtes dans le second cas, comme moi et la majorité des dirigeants, vous n'êtes donc pas un spécialiste des TIC et vous vous exposez alors à toute une série de fléaux: Pertes de temps, plantages à répétition, perte de données, implication démesurée de l'inévitable collaborateur-bidouilleur qui passera des journées entières à traiter des non problèmes plutôt qu'à bosser à son poste….
En clair, ce qui nous guète c'est le paradoxe de la modernité: Avoir moins ou moins bien en ayant cherché à avoir plus ou mieux. Combien d'espoirs déçus après avoir perdu des heures à faire fonctionner un outil censé nous faire gagner du temps…Combien de frustrations après avoir finalement retraité manuellement des données censées se générer automatiquement….

Les TIC comme toutes les technologies, comme toutes les nouvelles pratiques ont leurs errements, leurs zones d'ombre et leurs imperfections naturelles. Alors n'ajoutons pas à ces tares inévitables, des problèmes de méthode. En clair, si vous n'êtes pas "GEEK" ne jouez pas à l'apprenti sorcier avec vos données et votre productivité. Trouvez le bon prestataire, recrutez le bon collaborateur, ou encore faites vous des amis "GEEKS". C'est ainsi que j'ai vu des patrons totalement étrangers à la chose, réussir magistralement l'intégration des TIC dans leur entreprise (voir KOAN précédent).

ORGANISATION

100 Jours pour changer ma boite!
Les KOANS de la sagesse stratégique

60

"The Big Picture à l'esprit tu garderas"

Encore une idée venue de l'autre côté de l'Atlantique!

Ces Américains sont des simplificateurs incorrigibles, on peut même dire qu'ils sont souvent simplistes et enfantins. Mais ce défaut de lèse majesté pour nous Français, épris de nuance et de complexité, est probablement la plus grande qualité des Américains en termes de conduite du business.

Que veulent-ils donc dire par "Big Picture" (déjà évoqué dans le KOAN 28)?

Il s'agit essentiellement de la capacité à rester connecté sur l'essentiel, la vision d'ensemble. Ce qui est bien le rôle **fondamental** d'un dirigeant: Fixer le cap, garder l'œil rivé sur le compas pour s'intéresser au cap, au bon cap. Le reste, les détails, c'est l'affaire de l'équipage.

Bien entendu, dans la PME et encore plus dans la TPE, le dirigeant, fait aussi partie de l'équipage, et je suis bien placé pour en parler. Mais justement, cela ne doit pas constituer une excuse pour se laisser embourber dans le tumulte du quotidien et perdre de vue la fameuse "Big picture".

Il n'y a donc que deux solutions, soit vous apprenez à déléguer, soit vous avez une grande capacité de "dédoublement intellectuel" et vous savez consacrer du temps au maintien du cap tout en nettoyant le pont et les chiottes.

Dans le premier cas, il n'est pas forcément nécessaire d'avoir des équipes pléthoriques. Dès que vous n'êtes plus seul dans une entreprise ou dans un service, cela veut dire que vous pouvez commencer à déléguer. Et même seul vous pouvez prendre des décisions de sous-traitance ou de partenariat, qui vont vous libérer de certaines tâches opérationnelles. Donc si vous avez tendance à vous réfugier derrière la taille de votre entreprise, cherchez ailleurs, ce n'est pas la bonne raison. Je connais des dirigeants de TPE qui maitrisent parfaitement la délégation et la sous-traitance, et d'autres dirigeants bien mieux entourés qui se laissent submerger. La question est, en fait, très personnelle.

Dans le second cas, il faut vraiment avoir un esprit supérieur et bien organisé pour être capable simultanément de traiter des questions opérationnelles à échéance courte et des questions stratégiques à échéance longue.

Quelque soit votre cas, je me contenterai d'insister sur le principe. L'essence même de votre rôle de dirigeant c'est de garder la distance nécessaire avec les événements, les données, les mouvements du marché pour pouvoir prendre les bonnes décisions de navigation. Vous êtes libres sur le choix de la méthode, mais vous ne devez pas déroger sur le principe au risque de perdre ce pour quoi vous avez choisi d'être dirigeant: La capacité de décider.

STRATEGIE

"Le modèle de Pareto tu utiliseras"

On parle aussi de loi de Pareto du nom de l'économiste Italien qui a mise en évidence une réalité statistique qui se vérifie dans de nombreux domaines et mieux connue sous le nom de loi des 20/80. Selon cette règle, on constate en effet que dans de nombreux cas, 20% des effectifs expliquent 80% d'un phénomène.

Les applications de cette loi sont innombrables dans le domaine de l'entreprise et de la prise de décision. Elle peut être classée dans les outils de la gestion par exception. En clair plutôt que de s'épuiser à vouloir expliquer en détail l'intégralité d'un phénomène ou d'une situation, la loi de Pareto permet (lorsqu'elle se vérifie, ce qui n'est pas toujours le cas) de traiter le petit nombre de sujets qui ont le plus gros impact sur un résultat. Exemples d'applications:

Dans le domaine de la gestion des stocks, il est fréquent qu'un petit nombre de références (20% ou une valeur approchante) représentent l'essentiel des mouvements, ou de la valeur du stock (80% ou une valeur approchante). Si la loi se vérifié et qu'on ne peut pas se payer le luxe d'une gestion exhaustive et détaillée, on va pouvoir alors concentrer ses efforts sur les 20% qui représentent 80% de la valeur. Ceci est vrai qu'il s'agisse de ranger des pièces, de les nettoyer, de les contrôler, de suivre de près leurs mouvements, de mettre à jour des références...Dans tous les cas, on agit avec le maximum d'efficience.

Dans le domaine commercial et notamment dans la gestion du portefeuille client, le modèle de Pareto permet de visualiser rapidement le niveau de concentration d'un portefeuille et de déterminer ainsi le degré de dépendance de l'entreprise vis-à-vis de ses clients. La concentration et la dispersion du portefeuille comportent des avantages et des inconvénients que chacun appréciera pour son entreprise (voir KOAN 68 sur la dépendance client).

Concentration du CA   Dispersion du CA

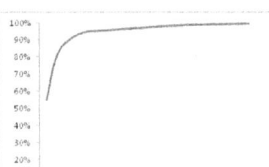 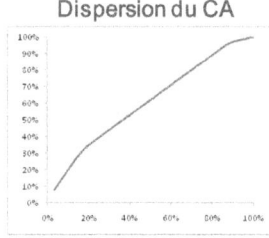

⊕ Simplicité de gestion   ⊕ Faible dépendance
⊕ Focalisation/efficacité   ⊕ Faible risque client
⊖ Dépendance   ⊖ Coûts commerciaux
⊖ Risque financier   ⊖ Coûts de gestion
                                       ⊖ Organisation spécifique nécessaire

On retrouve ce mécanisme aussi en production (% de produits défectueux) ou en maintenance (% de pannes)...

Vous avez, compris, le concept peut se décliner à peu près dans tous les domaines et notamment, il s'applique à merveille en termes de comportement humain, 20% des clients ou des collaborateurs, représentant souvent 80% des emmerdements.... Mais attention à ne pas chercher systématiquement des lois de type Pareto là où il n'y en pas.

GESTION FINANCES

100 Jours pour changer ma boite!

"Des consultants à te servir tu apprendras"

Les consultants ont parfois une mauvaise image.

A tort le plus souvent….et à raison dans certains cas, il faut bien l'admettre. N'allez pas croire que parce que je suis de cette caste, je vais m'engager dans une défense à tout crin des consultants. Non, je dirai même qu'en tant que consultant, j'invite les entreprises à faire très attention aux prestations qu'elles achètent dans ce domaine. Non pas que je renie ma profession, bien au contraire, c'est justement pour éviter qu'on ne la salisse, que je suis le premier à dire: "Attention" ! Le métier de consultant me fait un peu penser au métier de thérapeute mais transféré dans le domaine de l'entreprise. En médecine, il existe des thérapeutes patentés, autorisés qui ont suivi une formation longue, garantie par l'état et, en théorie, offrant toute sécurité au patient ; ce sont les médecins et autres auxiliaires de santé officiels (kinés, sage femmes, pharmaciens…). A côté, existe le monde des thérapeutes de tout poil depuis le psy plus ou moins diplômé jusqu'au rebouteux de village, en passant par tous les adeptes de théories, new âge, holistiques ou que sais-je. Que ne dit-on de tous ces thérapeutes plus ou moins officiels ! Charlatans, bandits, voleurs, menteurs…. Mais aussi, fabuleux, ça marche, incroyable, il m'a guéri… ! Nous avons tous dans notre entourage une personne qui a pu obtenir une satisfaction totale avec un ostéopathe, un magnétiseur ou autre intervenant non conventionnel et ce, souvent suite aux échecs de la médecine traditionnelle. Et ceci pour des affections bénignes comme pour des choses beaucoup plus graves. Symétriquement, qui n'est pas déjà passé entre les mains d'un docteur ou chirurgien patenté avec tous ses diplômes au mur, montrant plus d'intérêt pour le pognon que pour son patient, ou s'engouffrant dans des erreurs grossières, tout pétri de certitudes ? Voilà, la réalité est ainsi faite et les choses sont plus complexes et plus brouillées qu'elles n'y paraissent. Vous avez compris, pour les consultants c'est la même chose. Le meilleur comme le pire vous attendent potentiellement.

Mais pourquoi se priver du meilleur par crainte de tomber un jour sur le pire ?

Dirigeants d'entreprises, je vous le dis sans aucun prosélytisme professionnel, utilisez à fond la carte consultant. C'est la possibilité pour vous d'avoir sous la main des ressources de très haut niveau dans un cadre contractuel idéal alternatif au carcan du droit du travail. Pas de charges sociales, pas d'engagement à long terme, pas de congés payés, pas de risque prud'homal juste un contrat de mission clair et limité dans le temps ! Alors bien, entendu demeure le risque de l'incompétence ou de l'inadéquation à votre besoin. Renseignez vous, demandez des références, faites vous faire des propositions détaillées, et surtout, prévoyez des missions à tiroirs de façon à pouvoir tout simplement arrêter à la fin d'une phase en cas d'insatisfaction. Et, cerise sur le gâteau, n'oubliez pas qu'il existe des dispositifs (régionaux en général) pour vous aider à financer de telles missions.

PERSO DIRIGEANT

100 Jours pour changer ma boite!

"Les fonds publics à bon escient, mais sans vergogne tu utiliseras"

Lorsqu'on entreprend dans un pays comme la France, on est obligé de tenir compte de l'intégralité du contexte. L'une des réalités les plus structurantes et les plus pesantes de notre beau pays, est le taux d'intervention de la chose publique (au sens large) dans notre économie. Avec les records mondiaux (ou les places de choix dans les divers classements) de part du PIB issue du secteur public et de prélèvements obligatoires, le décideur que je suis et que vous êtes cher lecteur, ne peut agir sans tenir compte de ce carcan. Je dis carcan volontairement pour introduire le leitmotiv partagé par tous les entrepreneurs, dirigeants et autres indépendants: trop d'état, trop de règlementation, trop de contraintes, trop de fiscalité…. Je souscris évidement à ces constats et suis le premier à hurler avec les Loups dès que la discussion s'engage sur ce terrain.

Mais rappelez vous du KOAN 38 (De chaque difficulté le versant positif tu chercheras) et du KOAN 42 (Des circonstances jamais tu ne te plaindras) mes bien chers frères et revenez vite dans le droit chemin!

Parce qu'en effet, il est inutile de se plaindre du carcan public qui pèse sur nos épaules sauf à tenter de tout changer en entrant dans une action politique, ce qui n'est pas l'objet de ce livre.

Parce qu'en effet, dans ce contexte globalement défavorable, il y a un versant positif et quelques raisons de ce réjouir. Alors intéressons nous donc à cela et tentons d'en tirer le meilleur parti.

C'est par mon métier de consultant que j'ai pu connaitre et prendre la mesure de la quantité invraisemblable de dispositifs existants pour aider les entreprises. Je ne prétends d'ailleurs pas connaitre la chose ni dans sa globalité, ni en profondeur ; seulement pour une petite partie qui concerne directement mon business. Mon cabinet a même été mandaté dans une région que je ne citerai pas pour réaliser une étude concernant le support qui était apporté aux entreprises et la perception qu'elles en avaient. Et vous savez quoi? La plupart ne connaissaient pas l'existence des aides disponibles et surtout, elles ne savaient absolument pas à qui s'adresser pour les obtenir. Depuis des progrès ont été faits et des "guichets uniques" (pas si uniques que cela, mais tout de même) se sont mis en place. L'un des soucis des distributeurs d'aide est d'ailleurs souvent de ne pas trouver preneurs, et d'avoir en revanche à faire à certaines entreprises "bons clients" qui y ont pris goût et en redemandent.

Alors quelque soit votre besoin (investissement, propriété intellectuelle, innovation, réorganisation, export, analyse de marché, système d'information…) dites vous qu'il existe une forte probabilité pour qu'une aide vous attende quelque part. Il peut s'agir d'un crédit d'impôt, d'une avance remboursable, d'une subvention, de facilités diverses…peu importe, ces éléments sont autant de leviers qui pourront concourir à votre compétitivité. Les négliger, dans un contexte où les contraintes s'accumulent sur les entreprises, serait tout simplement une faute stratégique. Les guichets varient (CCI, Chambre des métiers, BPI, DIRRECTE, COFACE, Business France, REGIONS, pôles de compétitivité…) mais qu'importe le flacon, pourvu qu'on ait l'ivresse!

GESTION FINANCES

"Aux conditions de travail, une attention particulière tu porteras"

Je ne suis pas de l'avis de ceux qui pensent qu'au travail, seules les économies comptent et qu'en vertu de ce principe, on peut entasser les collaborateurs dans des locaux exigus, sordides et mal équipés.

Bien entendu, le principe de réalité doit prévaloir, et loin de moi l'idée de pousser à l'augmentation des frais de structure surtout quand l'entreprise n'a pas l'activité et les performances attendues.

Mais ceci étant posé, lorsqu'on passe sa vie à pénétrer dans des entreprises différentes (plusieurs par semaine dans mon cas) il faut bien reconnaitre que dès les premiers instants, on perçoit toute une série d'éléments informels qui en réalité nous renseignent beaucoup sur la situation, le management... Appelons cela l'ambiance.

A de rares exceptions près (et j'avoue qu'il en existe quelques une assez troublantes), la majorité des entreprises très performantes que j'ai eu à connaitre étaient des entreprises où une forme d'ordre et d'harmonie régnaient ; des entreprises où il faisait bon vivre et travailler. Je n'ai pas dit des entreprise où il faisait bon "glander" (parce cela existe aussi, mais c'est le contraire de ce que je veux démontrer).

Ce bon vivre, m'est à chaque fois apparu comme le résultat d'une sorte de pacte (exprimé ou tacite) entre les collaborateurs et le dirigeant, fait de souci de la qualité, de souci de l'ordre (Voir maxime 36 sur le 5S) et souci d'un juste retour des choses.

Des ateliers clairs, propres, avec du matériel performant et de réels équipements de confort pour les salariés. Des bureaux lumineux, propres, sans désordre... Et au milieu de tout cela un personnel confiant, respectueux de son matériel, autodiscipliné pour la maintenance ou le nettoyage. On pourrait croire une description de l'usine ou du bureau modèle dans une revue de propagande de l'époque soviétique. L'image d'Epinal est en effet la même, mais la question est : comment on y arrive?

Evidemment cela ne se décrète pas et si on veut l'imposer on a toutes les chances d'aller vers de cuisants échecs (gâchis, matériel détérioré, entretien négligé...).

Bien entendu, comme toujours, ce sont les principaux intéressés qui doivent être au centre du processus, et c'est en partant de leur vécu, de leurs pratiques, de leurs besoins que l'image idyllique doit se construire progressivement. N'allez donc pas offrir des ordinateurs flambant neufs à vos collaborateurs, comme un père absent offrirait une console de jeux à son adolescent délaissé. Cela pourrait vous revenir en pleine figure (dans le cas de l'adolescent c'est souvent au sens propre).

Vous êtes vous interrogé sur la perception que vos employés ont de leurs conditions de travail? Etes vous intérieurement prêt à consentir quelques efforts budgétaires (si l'entreprise le peut, évidemment) pour répondre à certaines demandes? Et surtout, êtes vous prêt à accepter que telle ou telle partie de l'entreprise ne soit pas organisée comme <u>vous</u> vous le souhaitez, mais comme <u>eux</u> le souhaitent? Bien entendu, toute démarche en ce sens, doit être engagée dans une vision globale des besoins de l'entreprise et de sa performance.

RH

"Des réseaux sociaux tes alliés tu feras"

La déferlante des réseaux sociaux constitue un bouleversement certain des relation dans le travail qu'elles soient inter ou intra entreprise.

Pendant quelques temps, les réfractaires ont pu reléguer la pratique des réseaux sociaux à la sphère personnelle, lui niant toute utilité professionnelle.

Mais les digues sont en train de lâcher progressivement et maintenant on voit bien dans certains secteurs, les apports indiscutables des réseaux sociaux. Dans la prestation de service par exemple, je connais des entreprises qui ont basculé la quasi-totalité de leurs actions de prospection et de prises de contact vers les réseaux sociaux. Et ce n'est qu'un commencement.

Alors me direz vous, à quoi bon une page facebook quand on dirige une entreprise de sous-traitance mécanique? Je vous répondrai que vous avez peut-être raison dans ce cas précis, mais qu'il serait intéressant de vous demander si votre entreprise n'a pas sa place dans linkedin ou au travers de vidéos montrant votre savoir faire sur Youtube.

Par ailleurs n'oubliez pas que les réseaux sociaux n'ont pas pour seule vocation de faciliter les relations commerciales, mais <u>toutes</u> les relations. Pour attirer les talents, pour permettre à vos collaborateurs de faire partie de communautés et d'obtenir des réponses à des questions spécifiques, pour faciliter à moindre frais la communication interne.

Attention, la chose peut vite être chronophage et hors de contrôle, il est donc impératif de se définir des garde-fous et de poser un cadre strict d'utilisation des réseaux à des fins professionnelles.

Mais de toute façon si vous ne le faites pas, vos collaborateurs seront absorbés par ce tourbillon à titre personnel, y compris pendant le temps de travail (si ce n'est déjà fait).

Il ne fait aucun doute que les réseaux sociaux au sens large vont avoir une influence grandissante sur la vie de toutes les entreprises. Alors il est grand temps de vous pencher sur la question. Quels sont les réseaux qui conviennent le mieux à nos pratiques et à nos objectifs? Quelle est la nature de notre présence sur ces réseaux? Quelle popularité et quelle visibilité avons-nous acquise? Comment peut-on optimiser notre présence et notre usage? Existe-t-il un moyen de se former pour améliorer ce nouveau compartiment de la vie de notre entreprise (la réponse est oui, et l'offre est abondante dans ce domaine). Attention, ce sujet est en évolution rapide. Raison de plus pour s'y interesser sans attendre, mais aussi pour faire attention de ne pas investir trop fortement dans une direction qui pourrait ne pas être la bonne. Certains réseaux ou certaines pratiques risquent en effet d'être frappés d'obsolescence très rapidement.

PERSO DIRIGEANT

"Dans la communication tu investiras"

La communication et sa partie la plus visible - la publicité - sont souvent brocardées comme étant des activités légères, superficielles, coûteuses et difficilement gérables. Il y a bien sûr un fond de vérité dans ces reproches qui sont systématiquement adressés à l'encontre des "communicants". Mais comme vous l'avez maintenant compris depuis le début de ce modeste ouvrage, dans ce domaine comme dans d'autres, je considère que l'excès nuit. Et si je pense comme beaucoup qu'il ne faut surtout pas basculer dans le "tout communication", je considère aussi que l'absence de politique de communication quasi chronique dans nos PME est une erreur fondamentale. Surtout de nos jours où il est parfaitement possible de communiquer avec des moyens raisonnables budgétairement.

Pour avoir longtemps débattu sur le sujet avec des dizaines de patrons de PME, le malentendu provient du fait que la communication est trop souvent appréhendée "hors sol", comme un sujet déconnecté du reste de la stratégie de l'entreprise.

Or c'est précisément une démarche toute contraire qu'il faut adopter. La communication doit être envisagée très en amont dans la réflexion stratégique comme un élément intégré, indissociable de l'entreprise, au même titre que le savoir faire, la technologie, les capacités de production…Mais pourquoi cela?

Eh bien parce que le seul moyen de créer un territoire distinctif dans lequel on peut être reconnus et proposer son offre dans les meilleures conditions (les fameux océans bleus, voir KOANS 3 et 31) c'est d'avoir une marque, un nom ; et d'y associer une image. Cela s'appelle faire de la communication. Si on simplifie, faire de la communication en PME, c'est définir avec précision ce qu'on veut dire, à qui on veut le dire puis mettre en œuvre quelques moyens qui permettront de le dire.

En termes de communication vous devez raisonner selon deux paramètres simples: la notoriété et l'image.

La notoriété est une notion binaire et neutre : connu / pas connu. On distingue deux formes de notoriété. La notoriété spontanée qui fait que le nom de votre marque ou société apparait spontanément à l'esprit d'un acheteur potentiel lorsqu'on lui évoque un besoin, un produit correspondant à votre activité. Exemple facile à comprendre : boisson gazeuse rafraichissante = Coca Cola. Autre exemple plus anonyme: bon pain = la boulangerie Tartempion à l'angle de la rue. Dans les deux cas cela veut dire que le nom du produit ou de l'entreprise arrive en tête de liste à la seule évocation du besoin auquel il ou elle répond.

La notoriété assistée correspond au fait que, bien que votre produit ou marque ne soit pas en tête de liste, le client potentiel vous connait tout de même. En revanche, il faut l'aider à se souvenir par la présence de la marque (Affiche, enseigne, appel d'un vendeur, envoi d'email…).

Ensuite vient l'image qui concerne le contenu, le sens évoqué par le nom.

Vous le comprendrez, je vous incite plus que fortement à créer une marque et à y déverser du contenu positif (satisfaction client, tenue des délais, performance…). La marque, c'est un commercial qui ne dort jamais une fois qu'il a pénétré le cerveau de vos clients et prospects. C'est la meilleure assurance vie de l'entreprise. Alors renseignez vous un peu plus sur les possibilités de communication qui s'offrent à vous…
MARKETING/VENTES

"Des alliances point tu n'auras peur"

La synergie! Voila le saint graal recherché par tous les entrepreneurs et patrons qui s'apprêtent à nouer des alliances.

Cette notion d'alliance est particulièrement délicate à manipuler surtout dans l'univers de la PME ou de la TPE où elle semble incongrue puisque par définition l'entrepreneur individuel ou le patron de PME sont d'indécrottables individualistes, épris de liberté et de pouvoir, fusse sur une toute petite entité.

Le problème ne se pose pas dans les mêmes termes pour les grandes entreprises car l'affect du dirigeant n'est quasiment jamais en jeu, et la "raison" bien souvent, l'emporte face à des mouvements de marché, évolutions des besoins, position des concurrents....

C'est donc à la TPE/PME/ETI qu'on va s'intéresser ici, c'est-à-dire à des entreprises où le patron combine les casquettes de dirigeant opérationnel et d'actionnaire fortement impliqué.

Un dirigeant du CAC 40 qui prend une décision d'alliance ou de non alliance, joue éventuellement ses stocks options, sa place (mais son CV et son réseau lui permettront de rebondir très vite) et éventuellement sa réputation.

Mon dirigeant de TPE/PME/ETI joue tout cela avec en moins les facilités à rebondir et en plus, le patrimoine personnel ou familial et surtout, son affect intime.

Alors tout ça pour dire que je comprends parfaitement les réticences des petites entreprises à nouer des alliances quelles qu'elles soient et avec qui que ce soit. C'est contraire à leurs gènes. Pourtant, il faut bien se rendre à l'évidence, les alliances, quand ça marche, c'est le seul moyen d'atteindre certains objectifs, trop ambitieux pour une petite entreprise seule.

Dans notre univers mondialisé 2.0, le temps n'est plus aux pré-carrés, aux rentes de situations, aux "petites affaires dans son coin". Ce temps est révolu et toute entreprise est maintenant sommée de bouger vite pour ne pas disparaitre. Il ne faut donc pas hésiter à s'associer à tel confrère pour un projet d'innovation, collaborer avec tel autre pour conquérir un marché précis, constituer un groupement d'employeur pour tel profil de collaborateur. Personne ne vous promettra la réussite à coup sûr, mais il est certain que vous apprendrez beaucoup et les choses que vous réussirez ainsi, vous n'auriez pas pu les réussir seul. Intégrez donc la notion d'échec et même de forte probabilité d'échec dans vos projets d'alliance (c'est ce qu'on voit le plus), tournez la page d'un projet avorté et passez au suivant. Vous n'imaginez pas les progrès que vous allez faire, même sur ces chemins semés d'embûches. Et je ne vous parle pas des projets couronnés de succès, qui eux, se traduiront en espèces sonnantes et trébuchantes...

Mais attention, apprenez à choisir vos partenaires et ne rêvez pas trop, car, comme j'ai vu un jour écrit dans un rapport d'un grand cabinet de consulting : "deux dindes ne feront jamais un aigle".

STRATEGIE

100 Jours pour changer ma boite!
Les KOANS de la sagesse stratégique

68

"Ton système d'information tu bichonneras"

Dans beaucoup d'entreprises ; les petites, ou encore celles qui produisent des biens physiques, le système d'information est considéré comme une infrastructure invisible ou encore un mal nécessaire.

Dans d'autres plus grandes, le système d'information est un immense merdier obscur que l'on abandonne généralement à un DSI tout puissant (Directeur du Système d'Information).

Mais ne vous y trompez pas, le système d'information d'une entreprise est sont système nerveux, c'est lui qui garantit le fonctionnement présent et la pérennité future.

Je n'aurais pas été aussi catégorique ne serait-ce que quinze ans auparavant. Mais aujourd'hui le système d'information est absolument déterminant dans la réussite ou l'échec d'une entreprise....quelle que soit sa taille et son activité.

Et cela pour une raison simple: Autrefois, le gros mangeait le petit ; aujourd'hui c'est le rapide bat le lent. On parle beaucoup de l'entreprise agile qui sait s'adapter vite, se reconfigurer en fonction d'un environnement chaque jour plus changeant. Point d'agilité sans un système d'information performant.

Alors j'entends d'ici les dirigeants de TPE ou de micro entreprises : "ce n'est pas pour nous" "système d'information, qu'es aquo?" "on n'a pas les moyens".... Erreur fatale, ce dont je parle concerne toute entreprise. Bien sûr la dimension des problèmes est variable selon la taille, mais le fond est le même.

A l'heure de l'hyper connectivité, votre entreprise ne peut pas être défaillante, ou ne serait-ce que lente dans le traitement de l'information. Je parle d'information externe (demandes des clients, nouvelles du marché, règlementations...) comme d'information interne (flux de commandes, en cours de production...). Le niveau d'exigence des clients est désormais tel en termes de réactivité que le moindre petit retard dans la réponse à une sollicitation peut vous déclasser définitivement.

Mais il y a une bonne nouvelle. Avec les performances croissantes et la démocratisation des outils de communication et de traitement de l'information, aujourd'hui il est facile pour n'importe quelle entreprise d'avoir un système d'information performant à coût abordable (gratuit dans certains cas).

J'ai en mémoire, le cas d'un Pizzaiolo en caravane (on peut difficilement faire plus petit en termes d'entreprise) qui officiait près de chez moi. Un jour venant chercher des Pizzas, je ne me souvenais plus du nom d'une Pizza délicieuse que j'avais prise auparavant. C'est alors, qu'avec ses doigts tout enfarinés, mon Pizzaiolo pianota mon nom sur un improbable PC calé entre le four et le frigo et me dit avec une précision diabolique les types de Pizzas que j'avais choisies les trois dernières fois que j'étais venu. Voilà ce que j'appelle un système d'information qui marche.

A vous de définir vos priorités. Mais demandez vous quels sont dans votre entreprise les processus vitaux, qui feront la différence, et assurez vous pour ceux-ci que vous avez un outil qui vous livre la bonne information, instantanément et au meilleur coût possible. Je vous renvoie bien sûr vers tous les KOANS qui traitent plus ou moins du sujet (9, 10, 52, 53, 84, 85...).

ORGANISATION

100 Jours pour changer ma boite!
Les KOANS de la sagesse stratégique

69

"Les statistiques de vente de près tu suivras"

L'analyse des ventes est à l'entreprise ce que la prise de sang est à l'homme.

Aux biens portants elle confirme qu'ils l'ont faite pour rien.

Aux malades elle permet d'identifier la source des problèmes et peut être d'agir avant qu'il ne soit trop tard.

Les autruches s'y refusent. Mais ce n'est pas en boycottant ses analyses de cholestérol que le cholestérol disparaît. Il en va de même pour l'analyse des ventes. Vos tares commerciales demeureront tant que vous n'aurez pas objectivé leur existence, grâce à une analyse froide, factuelle et dénuée de toute culpabilisation à l'égard de qui que ce soit.

Tel le devin qui lisait autrefois dans les entrailles des animaux, l'analyste peut tirer des informations capitales des entrailles d'un tableur Excel. Et là il ne s'agit pas d'art divinatoire ou de je ne sais quel charlatanisme, il s'agit de faits avérés, mais qui souvent se terrent dans le maquis épais des chiffres par secteur, par produit, par réseau, par partenaire....

A de nombreuses reprises, j'ai pu constater à quel point on pouvait semer le trouble dans une réunion en arrivant avec une analyse fouillée des statistiques de vente, tant le sujet est souvent traité en "survol". Telle dégradation de performance, sur une ligne de produit noyée dans une progression globale, devient tout à coup extrêmement porteuse de sens si on l'isole et si on la relie à telle autre statistique d'activité commerciale par exemple (effondrement des visites ou des devis réalisés...).

L'objet de ce livre n'étant pas de faire un cours sur l'analyse des ventes je resterai au niveau de la prise de conscience. Etes-vous certain d'exploiter pleinement toutes les informations précieuses qui sont contenues dans vos chiffres de vente? Mais peut-être n'avez-vous pas la possibilité de mener ces analyses, tout simplement parce que vous ne disposez pas des données. Alors posez-vous la question de votre système d'information et exigez (de vos collaborateurs, de votre prestataire) la possibilité d'obtenir les données nécessaires. Autrefois cela pouvait être compliqué, mais aujourd'hui avec la souplesse des outils informatiques, c'est possible. Il vous restera alors à déterminer les bons paramètres à scruter. Cela peut nécessiter un travail assez important une première fois, afin d'explorer tous les angles de vue possibles et de définir ceux qui sont significatifs. Mais une fois ces paramètres définis, vous aurez la sensation d'y voir soudain plus clair, beaucoup plus clair...

MARKETING/VENTES

"L'entreprise étendue tu apréhenderas"

Voilà un beau concept. Bien fumeux dans certains cas, mais redoutablement efficace quand il est bien compris.

C'est souvent dans la bouche de patrons ou collaborateurs de grandes entreprises qu'on entend parler de ce concept et on a tendance à penser qu'il leur est réservé. A tort. Surtout aujourd'hui avec les formidables possibilités qui nous sont offertes par les technologies émergentes.

Mais qu'est-ce que l'entreprise étendue, telle qu'elle a été initialement définie par les grands, notamment les donneurs d'ordres des grandes industries (automobile, aéronautique, énergie, naval...)? Il s'agissait pour ces donneurs d'ordres de s'assurer de la collaboration de leurs sous-traitants avec le maximum de fluidité et d'agilité. Pour cela, le principe consiste à sélectionner très soigneusement ses partenaires en amont afin de partager avec eux toutes sortes de processus (études, conception, production, logistique, s.a.v...) se déroulant dans une fluidité totale, c'est-à-dire comme s'ils étaient réalisés par le donneur d'ordres lui-même. Cela passe par le partage de l'information (ingénierie simultanée et co-conception pour les bureaux d'étude ; EDI pour les services production et logistique...), par la mise en place de processus harmonisés et plus généralement par l'instauration d'une culture commune tournée vers des objectifs partagés (satisfaction client).

Vous-même en tant que PME vous êtes peut-être pris dans un de ces réseaux d'entreprise étendue.

Et pourquoi n'en feriez-vous pas autant, à votre niveau? Il n'y a encore pas très longtemps, faire de l'ingénierie simultanée, du partage de fichiers et de la visioconférence nécessitait des moyens importants difficiles à amortir et réservés aux grands. Aujourd'hui ces moyens sont à votre disposition avec quelques clics et pour certains gratuitement (partage de fichiers, webinaires...).

Allez y donc, jetez vous dans le bain et cherchez, fouillez, essayez, tentez. Il existe peut-être à plusieurs centaines de kilomètres une ressource extraordinaire à laquelle vous n'aviez pas accès autrefois et qui n'attend qu'un mail ou un coup de fil de votre part. Designers, experts informatiques, sous-traitants de toutes spécialités, communicants freelance sont désormais à portée de mains. Chaque jour des tas de plateformes collaboratives voient le jour sur le net, sur des sujets totalement variés (ex: les fablabs). Alors étendez votre entreprise, étirez là, connectez la à son écosystème et donnez lui pour pas cher, des ressources externes, qui mêlées aux vôtres produiront des résultats extraordinaires !

ORGANISATION

Les KOANS de la sagesse stratégique

71

"La culture dans ton entreprise tu laisseras entrer"

Pourquoi les lieux de travail devraient ils être uniquement fonctionnels, austères, laids comme c'est souvent le cas?

Pourquoi la culture doit elle rester dans les musées, les lieux publics ou les "spots branchés" uniquement?

A ces deux questions je connais quelques dirigeants d'entreprises - trop rares malheureusement - qui ont répondu en laissant entrer l'art dans leurs entreprises. Et pas seulement dans le hall d'entrée ou dans les bureaux, mais aussi dans les lieux de production.

L'un d'entre eux, qui exposait régulièrement des toiles et des sculptures d'artistes régionaux m'indiquait qu'il avait perçu un changement notable dans l'ambiance au travail, en tout cas pour les collaborateurs "exposés" à ces œuvres. Les discussions dans les vestiaires, le coup d'œil furtif en passant dans le couloir pour les uns et pour d'autres, la contemplation (une fois les heures de travail terminées). Bien entendu, ce "supplément d'âme" procuré par la présence d'œuvres n'était pas quantifiable et son impact sur la productivité encore moins, mais dans tous les cas, les dirigeants ayant fait la démarche m'ont indiqué ne pas l'avoir regretté, la meilleure preuve étant qu'ils ont continué.

Bien entendu, il n'est pas question de détourner la fonction première de l'entrepris qui est la production d'un bien ou d'un service dans les meilleures conditions possibles. Mais, justement, c'est bien de "bonnes conditions" dont il s'agit. La présence d'œuvres d'art agit consciemment et inconsciemment sur les esprits.

L'organisation tant vantée des ex stat-ups de la silicon valley devenues des géants de l'internet – j'ai cité les google, microsoft, facebook et autre twitter – à base de salles de sport en libre service, de lieux de travail totalement laissés à la libre appréciation des collaborateurs (avec budget à la clef), agit de la même façon: Laisser entrer des éléments apparemment sans rapport direct avec la production pour favoriser le bien-être des collaborateurs et tendre vers un mieux être dans l'entreprise.

Pourquoi vos collaborateurs devraient ils être seulement exposés, à des radiations, des poussières, des bruits, des vibrations, des champs électromagnétiques (ordinateurs)? Pourquoi ne pas les exposer également à du beau, du différent, de l'intemporel, de l'inutile, du gratuit, enfin toutes choses que l'on trouve à foison dans l'art. Vous ne serez même pas obligés d'investir car les artistes désireux de s'exposer ne manquent pas, à condition de s'intéresser à de gens pas encore connus mais souvent pétris de talent, et ceux là sont légion. Apporter de la nouveauté, de l'étonnement peut-être et pour certains de vos collaborateurs, un supplément de bonheur. Cela vaut le coup d'essayer non?

RH

"Sur l'essentiel tu te concentreras"

C'est sûrement la tâche la plus importante et la plus difficile d'un dirigeant digne de ce nom. Parlons un peu des extrêmes. Je connais des dirigeants qui veulent tout savoir, tout maitriser dans leur entreprise et qui s'ils le pouvaient aimeraient tout faire. J'ai côtoyé plusieurs entreprises (et pas toutes des TPE) où le courrier n'était ouvert que par le dirigeant, puis ensuite dispatché vers les destinataires! Si tel est votre cas cher lecteur, ne vous offusquez pas mais je crois que vous êtes mal barré. Sauf à vouloir rester en entreprise unipersonnelle au sens strict, une telle attitude est totalement indéfendable à une époque où l'agilité, la rapidité, l'autonomie sont les gages absolus de compétitivité comme le montrent les plus belles réussites. Tels des dinosaures, ces dirigeants sont appelés à disparaitre et parfois, leur entreprises avec eux. A l'heure des réseaux et des Smartphones connectés si vous tentez de tout savoir et de tout maîtriser dans votre entreprise vous allez droit au burn-out ou à la paralysie de la boite.

A l'autre extrême, j'ai souvent vu (mais c'est moins fréquent) des dirigeants très sélectifs dans leurs tâches, refusant de s'impliquer sur tel ou tel dossier au motif que le dit dossier relève de la fiche de fonction de tel collaborateur et qu'il doit donc s'en "démerder". Cette vision rigide de la répartition des tâches ne me semble pas non plus correspondre à un mode de direction pleinement efficace.

Entre ces deux bornes qui balisent le sujet, se situent des managers efficaces et appréciés. Efficaces parce qu'ils savent sélectionner avec discernement les tâches qui constituent l'essentiel. Appréciés parce qu'ils sont capables d'intervenir dans une situation critique nécessitant leur présence y compris sur des tâches ne leur étant pas dévolues à priori. Et c'est là que ce situe la définition de **l'essentiel** pour un bon dirigeant. Bien entendu, l'essentiel c'est d'abord les tâches "régaliennes" qui incombent à tout patron et qu'on indiquerait dans toute définition de poste de dirigeant (Définition de la vision stratégique, du cap, affectation des ressources, arbitrages entre ces ressources, organisation, prise de décision pour tous les sujets importants, présence chez les clients clés....). Mais l'essentiel c'est aussi des tâches, des sujets, des moments pour lesquels la présence, ou l'implication du dirigeant aura une valeur particulièrement significative. Il peut s'agir d'aider un collaborateur en difficulté buttant sur un point précis (même de détail), d'une présence lors d'une réunion difficile avec des clients ou des partenaires, d'un appui lors d'un coup dur sur un process opérationnel (logistique, production, informatique, administratif....).

Mais le danger étant de se laisser absorber par toutes ces occasions qui ne manqueront pas de se présenter vous devez mener une réflexion préalable et vous mettre au clair sur les tâches régaliennes que vous ne pouvez et ne devez pas déléguer (les KOANS 29, 54 et 55 pourront vous aider dans ce sens). Une fois cette mise au clair effectuée, et à condition évidemment d'avoir laissé des plages de disponibilité dans votre organisation, vous pourrez alors décider de venir en appui sur des sujets "non essentiels". Ils sont "non essentiels" en tant que tels (parce qu'ils relèvent de l'opérationnel et doivent normalement être traités par le collaborateur concerné), mais sont en réalité hautement essentiels de par l'impact qu'ils ont sur les situations et surtout sur les personnes auxquelles vous viendrez en aide à ce moment.

PERSO DIRIGEANT

100 Jours pour changer ma boite!
Les KOANS de la sagesse stratégique

73

"La complexité comme la peste tu fuiras"

On aurait pu dire les usines à gaz tu fuiras.

Un des mes clients dirigeant d'une belle PME régionale disait souvent "si je ne comprends pas tout de suite un projet j'arrête tout". Cette formule à l'emporte pièce voulait simplement dire qu'il se méfiait de la complexité comme de la peste.

Il est vrai que dans de nombreux domaines de la gestion d'entreprise, il était de bon ton, à une époque, de manipuler des concepts complexes ; la complexité étant alors perçue comme un gage de profondeur, de pertinence. "Puisque ce n'est pas facile à comprendre c'est que cela est réservé aux esprits supérieurs et que donc par définition, c'est pertinent". Cette mode a été totalement mise en pièces par les faits. Bien sûr, on ne peut pas nier qu'il existe des sujets impliquant la complexité par nature, mais l'histoire entrepreneuriale montre que les plus belles réussites s'appuient sur des idées simples menées avec force et détermination.

Mon propos est avant tout de vous mettre en garde contre une dérive qui conduit à la mise en place de véritables usines à gaz dans le but de répondre simultanément à tous les problèmes relatifs à un sujet. Or il faut tout simplement accepter l'idée qu'on ne pourra pas répondre de façon satisfaisante et simultanée à tous les problèmes et qu'il est préférable de bien traiter les points essentiels quitte à accepter une part d'imperfection voire de dysfonctionnement sur les points considérés comme mineurs. La perfection n'est pas de ce monde et il vaut mieux un système qui fonctionne sur l'essentiel plutôt qu'un projet à l'arrêt dans l'attente d'avoir trouvé toutes les solutions.

N'oubliez jamais que vous n'êtes pas tout seul et que vous devez communiquer autour de vous pour faire comprendre vos projets, vos décisions. Vos clients, vos partenaires, et surtout vos collaborateurs doivent pouvoir comprendre sans effort ce que vous voulez et dans quelle direction vous allez, faute de quoi vous ne vendrez pas et votre organisation ne fonctionnera pas.

Dans le domaine de la conception de produits, il existe une discipline, l'analyse de la valeur, qui consiste découper tout objet ou système en fonctions prioritaires et secondaires, puis à se demander pour chacune d'entre elle si on ne peut pas la remplir de façon plus simple, plus efficace, moins coûteuse. Cela donne des résultats extraordinaires en termes de simplification de produit et d'amélioration des coûts. L'analyse de la valeur s'applique également aux organisations.

Alors sans forcément entrer dans le systématisme de cette méthode, pensez périodiquement à vous pencher sur votre organisation, vos processus, vos habitudes, et demandez vous si chacune des tâches, des fonctions remplies ne peut pas être simplifiée. Vous allez gagner énormément en efficacité et en clarté d'esprit.

ORGANISATION

100 Jours pour changer ma boite!
Les KOANS de la sagesse stratégique

74

"De la dépendance client tu t'affranchiras"

Evidemment ce KOAN ne concerne pas les entreprises qui sont face à des particuliers ou à une multitude de clients professionnels. En règle générale, aucun de leur client ne pèse assez pour qu'elles en soient dépendantes. Ce KOAN s'adresse à toutes les autres.

La dépendance client est à l'entreprise ce que les addictions sont à l'individu. Des choses qui font à la fois tant de bien et tant de mal.

Tant de bien parce que la saveur sucrée d'un client fidèle, augmentant régulièrement ses commandes nous dispense d'aller chercher de nouveaux clients, au prix d'efforts de prospection si pénibles et si consommateurs de ressources.

Tant de mal parce que ce confort, ce bonheur de l'instant finit toujours par se payer. Le client unique (fréquent pour les TPE/PME de sous-traitance) ou largement n°1 (encore plus fréquent dans tous les secteurs notamment face à la grande distribution) est l'équivalent du dealer. Tôt ou tard il vous présente la note et les termes de l'échange s'avèrent soudain bien moins intéressants qu'au début. Mais il est trop tard, vous êtes dépendant, vous avez perdu votre liberté et vos marges de manœuvre.

Alors que faire?

D'abord il faut prendre conscience du problème, l'objectiver. Aussi étrange que cela puisse paraitre, j'ai souvent assisté à un déni de dépendance, exactement comme pour les alcooliques ou les dépendants à la nicotine : "j'arrête quand je veux". A la limite, la situation est presque moins grave pour les addictions personnelles car effectivement leur arrêt ne dépend que de la personne qui les porte. En revanche, quand vous êtes shooté au client unique, même si vous voulez arrêter vous ne pouvez pas, en tout cas pas tout de suite. Donc pour objectiver le problème, rien de tel qu'une bonne discussion, en interne à votre entreprise, avec des amis dirigeants, avec un consultant...Les courbes de Pareto (KOAN 55) vous aideront à visualiser l'ampleur du problème.

D'autres symptômes sont également révélateurs: Lorsque vous sentez que votre capacité de négociation baisse, lorsque le client vous impose de plus en plus de contraintes, lorsqu'il devient intrusif dans votre organisation...alors vous êtes dedans!

Ensuite il faut passer à l'action. Sans attendre. Les axes de travail sont multiples:

Vous pouvez lancer des actions de prospection pour trouver de nouveaux clients et baisser le niveau d'activité du client addictif. Mais encore mieux, vous pouvez mener des actions de prospection pour diluer ce client et donc baisser son poids en valeur relative, sans baisser le volume d'activité ; ceci suppose évidemment une capacité de croissance.

Vous pouvez aussi développer la dépendance réciproque (modèle de la symbiose dans le monde végétal ou animal) en faisant en sorte d'être irremplaçable sur un point (source unique, proximité, service unique...). Cela est possible grâce à de l'innovation ou au développement de prestations sur mesure, très spécifiques, que le client aura du mal à trouver sur le marché. Alors le rapport de force sera rééquilibré.

Quelque soit votre activité, dès que vous ressentez les effets d'une dépendance, ou même la potentialité d'une dépendance client, vous devez réagir. C'est toujours possible et c'est d'autant plus faisable que le problème est pris en amont, avant qu'il ne soit trop tard.

STRATEGIE

100 Jours pour changer ma boite!
Les KOANS de la sagesse stratégique

75

"De la dépendance fournisseur tu te préserveras"

Ce KOAN est en quelque sorte le symétrique du KOAN précédent. Les deux sont par ailleurs directement liés à l'analyse de Porter (KOAN 13).

Le syndrome de la dépendance fournisseur est moins fréquent que celui de la dépendance client et à priori on pourrait penser qu'il présente moins de risque car un fournisseur aura toujours envie de vous vendre, alors qu'il est plus facile pour un client de ne plus vouloir acheter.

Pourtant, j'insiste, la dépendance fournisseur est un mal potentiellement aussi ravageur que la dépendance client. J'ai payé cher pour le savoir:

Laissez-moi-vous raconter l'histoire d'un échec dont je porte encore les stigmates, financiers et personnels. En parallèle à mes activités de consulting, j'ai lancé, il ya quelques années une petite entreprise de e-commerce, vendant des articles de glisse via le web. Pas de risque de dépendance client, puisque nos produits étaient achetés par des multitudes de particuliers. Mais il se trouve que dans notre assortiment il y avait un produit phare, qui se vendait facilement, en grandes quantités et avec de bonnes marges. Bien entendu, la drogue douce faisant son effet, nous avons laissé ce produit prendre une part de plus en plus importante de notre chiffre d'affaires. Au début, nous avions plusieurs fournisseurs pour cette famille de produits, mais au fil du temps le panel s'est réduit (notamment pour des raisons de conflits de propriété intellectuelle entre eux ; celui qui détenait les brevets les plus solides ayant réussi à faire fermer les autres). A la fin, nous n'avions plus qu'un fournisseur majeur pour ce type de produit représentant 80% de nos achats et de nos ventes. Ce fournisseur faisait face au leader du secteur qui prétendait avoir des brevets violés par les autres acteurs du marché. Il nous garantissait que ses produits n'étaient pas contrefaits et qu'il avait un dossier de propriété intellectuelle très solide. Pris dans notre activité quotidienne nous n'avons pas prêté assez d'attention à cette menace. Puis vint le jour où le leader du marché obtint un jugement en sa faveur obligeant notre fournisseur à cesser toute livraison à ses clients (nous) et nous interdisant d'écouler nos stocks. Nous avons perdu instantanément près de 60% de nos ventes et ne pouvions pas nous tourner vers le leader qui nous punissait d'avoir travaillé avec son challenger. Sentence : Dépôt de bilan et liquidation!

Je connais de nombreux autres cas, où par exemple un fournisseur en source unique fait la pluie et le beau temps, fixe les niveaux de prix, livre quand cela l'arrange…

Pour en sortir, c'est comme pour les clients. Posez d'abord les constats. Êtes-vous dépendants de certains fournisseurs? Si oui, les impacts potentiels sur votre activité sont ils importants? Si oui il faut tout de suite chercher à desserrer la contrainte. Faites du sourcing, la mondialisation vous permet de trouver des fournisseurs performants à l'autre bout de la terre si nécessaire. Réfléchissez à vos processus pour éventuellement diminuer vos besoins du produit concerné. Faites de l'innovation pour éventuellement vous passer complètement du produit concerné. Faites des alliances avec vos concurrents pour peser collectivement sur le fournisseur…..

STRATEGIE

"Les hommes clés tu identifieras"

Il est fréquent d'entendre dire que les hommes sont la principale et la plus précieuse des ressources d'une entreprise. Même si parfois ce genre d'affirmation relève de la formule facile en management, il faut avouer qu'elle correspond à une réalité profonde.
C'est la raison de ce KOAN.
Sans nier l'importance de chacun en tant qu'élément indispensable d'une mécanique complexe, il faut comprendre que dans toute organisation il existe des hommes clés (ou des femmes clé, c'est une formule unisex, vous l'aurez compris).
La notion d'homme clé n'est évidemment pas absolue, c'est-à-dire qu'il peut y avoir plusieurs hommes clés dans une organisation, chacun étant clé pour un processus donné. Par ailleurs, il faut bien comprendre que l'identification des hommes clés est cruciale dans votre entreprise mais également chez vos partenaires, fournisseurs, clients, cotraitants...

Dans votre entreprise, l'identification des hommes clés va de soi pour des tas de raisons. En premier lieu pour des raisons de sécurité. Que se passe-t-il si tel collaborateur indispensable démissionne, part à la concurrence, tombe malade ou décède? Il existe des assurances pour couvrir ce risque, voyez donc avec votre assureur en la matière. A ce titre, vous êtes peut-être le premier ou la première concernée et devriez penser à mettre en place une garantie perte d'exploitation en cas d'indisponibilité. Mais au-delà d'une simple question financière la chose doit être pensée en termes d'organisation. Les consultants RH ou Qualité pourront vous aider pour cela, mais avez-vous pensé à faire une matrice croisée des compétences pour identifier les personnes susceptibles de remplacer l'homme clé, même partiellement sur certaines fonctions? Avez-vous réfléchi à vos processus de travail et au moyen de contourner temporairement le goulot d'étranglement que constituerait l'absence du cher collaborateur par une sous-traitance, un changement de process...?

Chez vos clients et autres partenaires, l'identification d'hommes clés notamment dans les processus de décision vous permettra d'investir votre temps aux bons endroits. Comme dans les arts martiaux tels que l'AIKIDO où une simple pression exercée comme il faut sur le point sensible d'une articulation peut faire plier le plus solide des gaillards, dans les relations d'affaire, le fait d'agir efficacement sur les bonnes personnes peut produire un effet de levier phénoménal!

Révisez un peu votre façon d'appréhender les organisations qui vous entourent et les gens qui les composent. Cherchez systématiquement à identifier les personnes qui à elles seules peuvent produire des effets "quantiques" soit par leurs compétences, soit par un pouvoir dont elles disposent, soit par leur personnalité ou encore tout simplement par leur position dans un processus. Puis demandez-vous comment vous pouvez agir pour sécuriser votre relation avec ces personnes clés.
RH

100 Jours pour changer ma boite!
Les KOANS de la sagesse stratégique

77

"De la concurrence tu t'inspireras"

Le thème de la concurrence, lorsqu'on l'aborde dans une réflexion stratégique, déchaine les passions et provoque des réactions souvent extrêmes.

D'un côté il y a ceux qui traitent leurs concurrents par le mépris et refusent de s'abaisser à une quelconque analyse dans ce domaine, prétextant qu'il est préférable de se concentrer sur la satisfaction de ses propres clients.

D'un autre il ya ceux qui sont obsédés par la concurrence et qui aimeraient tout savoir.

Entre les deux il y a ceux, qui innocemment ne connaissent tout simplement pas leurs concurrents par négligence ou par absence de réflexion stratégique.

Moi je vous propose une voie alternative. Pas d'obsession, mai plutôt une vision positive de la question.

Certes, il faut avoir un minimum d'information sur ces concurrents, ne serait-ce que pour pouvoir mieux évaluer ses propres forces et faiblesses, qui sont toujours relatives (KOAN 21). Mais l'intérêt d'une observation de la concurrence réside ailleurs.

Sur le marché où opère votre entreprise, qui vous ressemble le plus? Pas vos client, ils vous achètent ; pas vos fournisseurs, ils vous vendent, par l'URSSAF (sans commentaire)...Non, les seuls qui font face aux mêmes problèmes que vous tant sur le plan technique que commercial, juridique, organisationnel, financiers...ce sont vos concurrents!

Et, comme vous pouvez-vous en douter, ils sont loin d'être idiots, et ils ont certainement trouvé de bonnes idées en essayant de résoudre des problèmes semblables aux vôtres avec des contraintes équivalentes.

Alors cela vaut vraiment le coup de dé-diaboliser la concurrence et d'entrer en contact, d'échanger. Bien entendu, je ne parle pas d'ententes illicites, je parle simplement d'échanges fructueux. Je ne parle pas non plus de copie ou de je ne sais quel mimétisme stupide. Non je parle vraiment d'enrichissement mutuel, de fertilisation croisée.

Le monde n'est plus à l'affrontement total, il est à la collaboration partielle, par projets. Observez les plus grands industriels de ce monde. Ne font ils pas des partenariats avec leurs pires concurrents? Dans l'automobile, des tas de constructeurs partagent des plateformes de R&D, de production et de logistique. Dans les moteurs d'avion, l'un des plus grand succès de ces dernières années et né de l'alliance entre l'américain GENERAL ELECTRIC et du français SNECMA (groupe SAFRAN) par ailleurs férocement concurrents. Toujours dans l'aéronautique, on trouve le même modèle d'hélicoptère (le NH90) au catalogue de deux concurrents qui ne se font aucun cadeau par ailleurs, AIRBUS HELICOPTERES et AGUSTA WESTLAND. Et les exemples sont légion. Pourquoi? Parce que la collaboration est plus productive que l'affrontement brutal.

Alors sans qu'il soit question de perdre votre âme, avez-vous songé à regarder de près ce que font vos concurrents et à vous demander s'il n'y aurait pas moyen de monter une opération dans une optique gagnant-gagnant? Cela peut être le partage d'un investissement, d'un programme d'innovation, d'une prospection à l'export, la réponse commune à un gros appel d'offres, la création d'un produit commun ou encore une négociation commune vis-à-vis d'un fournisseur...Les potentialités et sources d'idées sont illimitées.

STRATEGIE

100 Jours pour changer ma boite!
Les KOANS de la sagesse stratégique

78

"Des stocks toujours tu te méfieras"

On a toutes les raisons du monde de laisser les stocks se développer.

En vertu du principe de service au client, des stocks toujours plus importants se justifient. Ils permettent de livrer vite, de saisir des affaires en urgence.

En vertu du principe de massification des achats, on peut être tenté de gonfler ses stocks, afin d'obtenir des prix plus avantageux, des coûts logistiques plus bas, des conditions de paiement plus souples...

En vertu du principe de productivité on a parfois intérêt à lancer des séries de production plus importantes pour abaisser les coûts unitaires, pour harmoniser les flux, quitte à constituer des stocks en bout de chaîne.

Nous avons là autant de raisons valables qui conduisent toutes, à constituer des stocks de plus en plus importants.

Et il est bien évident que dans certains cas précis (à condition de pouvoir financer correctement ses stocks) il peut être intéressant de laisser augmenter ses stocks.

Mais le danger réside dans l'oubli. Très vite on s'installe dans un "confort de gestion" qui consiste à prendre un peu plus que nécessaire et la dérive s'installe lentement, insidieusement.

La question des stocks me fait penser à la question des archives et du classement. On hésite souvent à jeter des documents ou des échantillons au prétexte qu'ils pourront servir un jour. Or, dans la majorité des cas on s'aperçoit que le jour venu, on a toutes les peines du monde à retrouver le document ou l'objet en question à cause d'un encombrement trop important. On a donc conservé des données ou des objets pour rien puisqu'on est incapable, le moment venu, des les réutiliser sans tout bouleverser. Si on veut conserver des archives, documents, objets divers, il faut impérativement mettre en place un système de recensement, d'indexation efficace qui permette de les retrouver immédiatement et sans effort. Mais cela a un coût.

Il en va de même pour les stocks. Si on veut se payer le luxe de stocks confortables, il faut impérativement disposer d'un outil de gestion permettant d'identifier en permanence les références dormantes afin de réagir. Les lois de Pareto (20/80) sont d'un grand secours pour cela (voir les KOANs 35 et 55).

Avez-vous de tels outils? Si non, prenez le temps d'analyser vos stocks en détail et n'hésitez pas à "dégraisser le Mammouth"! Songez à ce que vous pourrez faire avec la trésorerie ainsi libérée, cela vous motivera...

GESTION FINANCES

100 Jours pour changer ma boite!
Les KOANS de la sagesse stratégique

79

"La créativité sans cesse tu cultiveras"

Le bouleversement du monde auquel nous assistons, avec l'effet combiné de la mondialisation et du numérique, nous condamne tous à l'innovation et la créativité.

Pourquoi? Tout simplement parce que désormais, il sera toujours possible de trouver moins cher, plus rapide, mieux fait, que ce que votre entreprise fournit. Le chaines de valeur sont écrasées, la productivité explose et grâce à des outils logiciels de plus en plus nombreux et de moins en moins chers (gratuits même pour certains) un savoir autrefois réservé à quelques initiés est maintenant disponible et accessible à tous. Car c'est bien cela que fait un logiciel: codifier un savoir, un processus de travail et le rendre accessible à des "non-sachants". Du coup, qu'il s'agisse d'un logiciel reproduisant votre savoir faire, ou d'un produit physique venu de l'autre bout de la planète et rendu chez votre client moins cher que votre prix de revient, vous n'êtes pas à l'abri d'un effondrement de votre modèle économique et donc de votre entreprise.

Pour autant, il n'y a aucune raison que vous disparaissiez, vous êtes simplement sommé de vous adapter, de changer.

Et pour cela, rien de tel que la créativité et l'innovation.

Avant tout, n'oubliez pas que l'innovation, si elle est souvent technologique, n'est pas seulement technologique. Elle peut être commerciale, de service, organisationnelle...

Seulement, trop souvent, nous nous enfermons dans des schémas préétablis sans voir des solutions nouvelles qui sont pourtant sous nos yeux. La meilleure illustration de ce phénomène nous est fournie par le test bien connu des 9 points: Lorsqu'on demande à des personnes de relier les 9 points (à droite) sans lever le crayon, beaucoup d'entre nous (j'en ai fait partie) n'y parviennent pas et produisent les échecs ci dessous. Ces échecs sont dus au fait que nous ajoutons une contrainte implicite (mais jamais donnée dans l'énoncé du problème) qui nous interdit de sortir d'un carré.

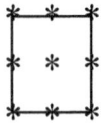 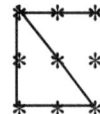

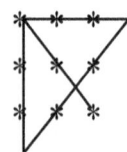

Ceux qui réussissent ignorent cette contrainte implicite et sortent du cadre comme ici à droite.

Alors imaginez un peu ce que vous pourriez faire si vous sortiez plus souvent du cadre. Et si vous, personnellement n'êtes pas enclins à sortir facilement du cadre, laissez s'exprimer ceux, dans votre entreprise qui ont ce ressort, et cultivez le. Pour cela vous devez desserrer certaines contraintes, autoriser vos collaborateurs à s'exprimer et prendre des initiatives, avec une condition essentielle : permettre le droit à l'erreur. La créativité ne se décrète pas, mais on n'est pas non plus condamnés à attendre qu'elle se manifeste spontanément, par magie. La seule bonne attitude pour un dirigeant est de créer les conditions de son éclosion (voir KOAN 11).

INNOVATION

"En voyage régulièrement tu partiras"

Un de mes clients, industriel du textile, me disait ceci: "lorsque je suis à court d'idée, en panne, déprimé ou que je ne vois plus de solutions à mes problèmes, je prends l'avion". N'imaginez pas qu'il partait faire des tours en l'air pour retrouver l'inspiration. Non, il voulait dire par là qu'il s'organisait un déplacement, si possible lointain. Tout était, bon : un salon au japon, une convention d'affaires en Turquie, ou tout simplement la visite d'un nouveau centre commercial en Espagne. Il est vrai que pour les Textiliens, n'importe quel lieu marchand est un moyen de voir les tendances, les nouveautés, les comportements...
Quoi qu'il en soit, l'apport du voyage, de la sortie, de l'expérience terrain, est toujours enrichissant pour un dirigeant. Quel que soit votre métier, votre marché, votre spécialité technologique, le monde regorge d'occasions d'enrichir vos connaissances, votre vision et par conséquent, de nourrir votre créativité ainsi que votre système décisionnel personnel.

L'autre avantage considérable que procurent les voyages au dirigeant d'entreprise c'est la relativisation et la prise en compte de la différence. En voyant comment fonctionnent d'autres sociétés, qu'on apprécie ou non leur organisation, on est mis devant l'évidence de la diversité. Ce qui est la norme pour nous Occidentaux, Européens, Français, ne va absolument pas de soi sous des cieux lointains. Cette perception de la distance culturelle, comportementale est vitale pour régénérer le potentiel de réflexion d'un dirigeant.

Les voyages favorisent ce que les Américains appellent les raisonnements "out of the box". C'est-à-dire les raisonnements innovants, affranchis des limites que trop souvent on se fixe soi même ou que notre environnement proche nous impose (voir KOAN précédent).

Ce point est partiellement redondant avec le KOAN 45 vantant les mérite des sorties sur le terrain commercial. Mais seulement partiellement car ce dont il s'agit ici est plus large. Ne vous limitez pas au terrain commercial (même si, je le répète, c'est crucial), mais sortez tout simplement. Peu importe la fréquence, ou la durée de vos voyages ; ce qui compte c'est de vous exposer à des idées à des produits à des pratiques différentes de celles que vous côtoyez régulièrement. Vous y apprendrez des tas de choses et reviendrez avec une capacité de production d'idées, totalement régénérée.

PERSO DIRIGEANT

100 Jours pour changer ma boite!
Les KOANS de la sagesse stratégique

81

"Les petits et les sans grade souvent tu écouteras"

Ce n'est pas du sentimentalisme de bas étage. C'est de la logique (et un peu de démocratie d'entreprise quand même). Une démocratie digne de ce nom, fonctionne selon le désir de la majorité, mais elle le fait dans le respect des minorités.

Eh bien dans votre entreprise, les minorités, sont les petits et les sans grade, car ils n'ont jamais voie au chapitre dans les décisions stratégiques que vous prenez.

Les cadres dirigeants s'expriment et sont écoutés, ils peuvent infléchir vos décisions, par de l'influence, de la conviction, des informations nouvelles...

Les syndicats ou représentants du personnel lorsqu'il y en a, peuvent aussi impacter dans une certaine mesure vos choix stratégiques.

Mais comment la voix des petits et des sans grade vous parvient elle. Pas par les cadres.....encore moins par les syndicats.

Par nature ils sont inaudibles. Ils sont l'équivalent de ce qu'on appelle les "signaux faibles" en intelligence économique. Les signaux faibles sont ces petites informations insignifiantes lorsqu'elles sont noyées dans le brouhaha global, mais qui peuvent vous informer sur le début d'un changement, les prémices de quelque chose, dès lors qu'on y prête un peu d'attention. Par nature, on ne peut pas consacrer trop de temps et de moyens à chercher les signaux faibles, mais les bons veilleurs savent qu'il faut se laisser l'opportunité d'en attraper quelques uns de temps en temps.

Il en est de même pour les organisations humaines.

Prenez donc quelques fois le temps d'écouter des collaborateurs non invités dans les réunions. N'hésitez pas à vous diriger même vers les plus timides et écoutez leur "petite musique". Essayez de vous procurer pour cela des occasions "fortuites", dans un cadre informel (machine à café, horaire inhabituel, opération exceptionnelle de démontage d'une machine, vestiaire....). A coup sûr vous apprendrez des choses que vous ne savez pas, vous entendrez des choses inédites et peut-être que vous prendrez quelques leçons salutaires.

RH

"Ta résistance à l'échec tu amélioreras"

Voilà un sujet fondamental! La résistance à l'échec.

C'est un des facteurs clés qui caractérise les grands athlètes comme les top-commerciaux ou encore les durs des forces spéciales. Pour ces derniers c'est plutôt la résistance à la douleur et à des conditions terribles, mais le concept est le même.

L'idée de base étant qu'on ne peut pas atteindre des objectifs ambitieux sans rencontrer tôt ou tard un échec, essuyer un revers. Alors autant s'y habituer tout de suite et faire avec.

La différence entre ce que les Américains appellent les "achievers" (ceux qui aboutissent et réalisent leurs objectifs) et les "loosers" (traduction inutile) c'est assurément cette capacité à résister à l'échec.

Avez-vous remarqué à quel point notre mental peut fluctuer en fonction des événements extérieurs? Le mauvais temps pour les plus influençables, la perte d'un marché, un impayé, pour d'autres vont immanquablement plonger l'esprit dans le registre négatif. Mai aussi, inversement, le gain d'un nouveau client important, un compliment, une présentation réussie, versent l'individu dans le registre positif. Est-il admissible pour un indépendant, un dirigeant qui a pour ambition de maitriser sa vie, de se laisser ainsi balloter par les événements extérieurs? Non, bien évidemment non.

J'irais plus loin en disant que les échecs sont partie inhérente du processus de réussite et l'un des meilleurs outils d'apprentissage. Tous les grands hommes en témoignent, ils ont forgé leur réussite au travers de nombreux échecs souvent très coûteux. Vous trouverez des compléments à ce sujet dans le KOAN 95.

J'ai le souvenir d'un commercial remarquable que j'ai côtoyé dans une des entreprises où j'étais salarié en début de carrière. Nous étions sur un marché extrêmement concurrentiel de biens d'équipements nécessitant des efforts et un investissement énorme en avant vente sur chaque projet. Et un jour, après plusieurs mois d'efforts sur le projet, la décision tombait comme un couperet. Et là, le commercial ayant passé des weekends et des nuits sur le projet pouvait s'entendre dire: **"NON".** A ce moment là, toute la pression accumulée retombe et on prend la mesure du temps perdu, des primes perdues, de l'énergie engouffrée et les pensées négatives assaillent le commun des mortels: "je suis nul, j'ai merdé, j'n'y arriverai jamais…". Dans ce contexte je me souviens de la phrase qui venait systématiquement à la bouche de ce super vendeur : "demain il fera jour". Et l'affaire était instantanément classée pour passer à autre chose!

J'ai toujours été admiratif de cette capacité à passer outre et à faire table rase de tout ce qui entoure l'échec pour se recentrer immédiatement sur la suite. Et comme par hasard cet homme était parmi les plus performants que j'aie pu connaitre.

Alors ne vous laissez pas abattre par vos échecs, qu'ils soient petits et nombreux ou gros et retentissants, adoptez l'attitude <u>"même pas mal!".</u> Soyez rebelles face à l'échec et en priorité attachez vous à focaliser votre esprit sur la suite, le prochain challenge, la prochaine course. Remettez vous en marche sans attendre et surtout n'oubliez pas : "Demain il fera jour"!

PERSO DIRIGEANT

Jour 77

"Des méthodes miracle tu te méfieras"

Le dirigeant qui cherche à développer son entreprise, améliorer son fonctionnement sa rentabilité, est la proie idéale de tous les colporteurs de méthodes miracle. Et dans le domaine du management au sens large, les méthodes miracle foisonnent!
J'ai même tendance à dire qu'au-delà des escroqueries manifestes, même les approches les plus sérieuses peuvent parfois se muter en remèdes miracles.
La prégnance des problèmes auxquels sont confrontés certains dirigeants est parfois telle qu'ils sont prêts à se jeter dans les bras d'un gourou leur garantissant monts et merveilles, perdant par la même tout sens critique, toute objectivité.
Loin de moi l'idée d'accabler le dirigeant subjugué par le chant des sirènes, je ne comprends que trop bien le mécanisme qui le conduit à cette dépendance.
Loin de moi l'idée ici de me poser en justicier vengeur et de fustiger telle ou telle méthode, telle ou telle école de pensée.
Je le répète, toutes les méthodes, du moment quelles recèlent un caractère nouveau, inconnu et porteur d'une promesse alléchante sont susceptibles de rentrer dans la catégorie des recettes miracle.
Ce n'est donc pas tant le contenu de la dite méthode qui importe (même si certaines sont vraiment critiquables sur le fond), mais plutôt la façon dont elle est portée et enseignée au dirigeant. En clair ne vous méfiez pas tant du texte sacré, mais plutôt du prêtre ou du prophète qui le porte.
J'ai souvent constaté qu'une sorte de "pensée magique" se met à l'œuvre quand un dirigeant entrevoit dans un nouveau texte sacré (la méthode en question) la résolution immédiate de problèmes considérés comme insolubles ou très difficiles à traiter.
Cette fragilité mentale me fait penser à cette du novice de la secte face au gourou…en moins grave.

Alors soyez avertis, soyez "aware" face à la multitude de méthodes, concepts, outils et modes qui jaillissent naturellement dans l'univers du management et de la gestion d'entreprise. Il n'est nullement question de se fermer à toutes ces potentialités d'amélioration. Restez ouverts, soyez curieux, expérimentez, échangez avec vos pairs, mais ne rêvez pas. Et surtout ne faites pas de complexes. Ce n'est pas parce qu'une idée vient d'Harvard, ou de la Silicon Valley que les gens de là bas sont mieux placés que vous pour comprendre et résoudre vos problèmes. En revanche, ils ont peut être une approche qui viendra enrichir la votre. Le seul miracle réel est quotidien. C'est l'existence de votre entreprise et sa capacité à digérer toutes sortes de nouveautés venues d'ailleurs comme de l'intérieur.

ORGANISATION

100 Jours pour changer ma boite!
Les KOANS de la sagesse stratégique

84

"La fable du loup et du chien tu méditeras"

On n'imagine pas à quel point les trésors de la littérature sont d'actualité et parfaitement transposables au monde de l'entreprise. Cette fable de LA FONTAINE en est le meilleur exemple, je la livre donc en extension:

Un Loup n'avait que les os et la peau ;
Tant les Chiens faisaient bonne garde.
Ce Loup rencontre un Dogue aussi puissant que beau,
Gras, poli, qui s'était fourvoyé par mégarde.
L'attaquer, le mettre en quartiers,
Sire Loup l'eût fait volontiers.
Mais il fallait livrer bataille
Et le Mâtin était de taille
A se défendre hardiment.
Le Loup donc l'aborde humblement,
Entre en propos, et lui fait compliment
Sur son embonpoint, qu'il admire.
Il ne tiendra qu'à vous, beau sire,
D'être aussi gras que moi, lui repartit le Chien.
Quittez les bois, vous ferez bien :
Vos pareils y sont misérables,
Cancres , haires, et pauvres diables,
Dont la condition est de mourir de faim.
Car quoi ? Rien d'assuré, point de franche lippée.
Tout à la pointe de l'épée.
Suivez-moi ; vous aurez un bien meilleur destin.

Le Loup reprit : Que me faudra-t-il faire ?
Presque rien, dit le Chien : donner la chasse aux gens
Portants bâtons, et mendiants ;
Flatter ceux du logis, à son maître complaire ;
Moyennant quoi votre salaire
Sera force reliefs de toutes les façons :
Os de poulets, os de pigeons,
Sans parler de mainte caresse.
Le loup déjà se forge une félicité
Qui le fait pleurer de tendresse.
Chemin faisant il vit le col du Chien, pelé :
Qu'est-ce là ? lui dit-il. Rien. Quoi ? rien ? Peu de chose.
Mais encor ? Le collier dont je suis attaché
De ce que vous voyez est peut-être la cause.
Attaché ? dit le Loup : vous ne courez donc pas
Où vous voulez ? Pas toujours, mais qu'importe ?
Il importe si bien, que de tous vos repas
Je ne veux en aucune sorte,
Et ne voudrais pas même à ce prix un trésor.
Cela dit, maître Loup s'enfuit, et court encor.

A vous qui êtes indépendants, seuls maîtres de votre destin et affrontez la rudesse des temps comme notre Loup affronte l'hiver dans la fable, je vous le dis : A chaque fois que vous serez tentés de vous plaindre et de vous comparer à ceux qui sont bien au chaud, dans un statut, dans un salaire de grande boîte, pensez à notre fable, cela vous redonnera du baume au cœur. Et comme notre Loup, vous courrez encore et encore pour échapper au destin peu enviable du chien bien nourri, mais inféodé à son maître. Si vous êtes vraiment de la race des indépendants, vous serez prêts à affronter la faim et le froid pour ressentir le frisson de la liberté totale. N'oubliez jamais qu'en tant qu'indépendant ou patron de PME vous pouvez prendre <u>tous les jours</u> des décisions d'une portée stratégique totalement interdites à des dirigeants-salariés de grandes entreprises grassement payés.

Alors assumez votre inconfort, et pensez à quel point il est bon d'être libre! Le loup n'est pas affamé à cause des chiens bien portants. S'il est affamé c'est parce qu'il n'a pas pris les bonnes décisions, n'a pas chassé dans la bonne direction, n'a pas quitté à temps les contrées gelées. Et faites vous une raison, le Loup ne peut pas prendre d'embonpoint, tout simplement parce qu'il doit quotidiennement courir et chasser pour assurer sa subsistance. Mais quel bonheur de traquer une proie, quel bonheur de mordre à pleines dents dans un nouveau marché, conquérir un nouveau client, lancer un nouveau produit!!!

PERSO DIRIGEANT

100 Jours pour changer ma boite!
Les KOANS de la sagesse stratégique

85

"Les facteurs d'environnement tu analyseras"

Voici encore un sujet en lien direct avec l'analyse de Porter (KOAN 13). L'environnement est la cinquième force à analyser dans le cadre de la notion de rivalité élargie.

A ceux qui sont indépendants ou qui dirigent des TPE/PME et qui croient que ces concepts ne s'appliquent pas à leur cas, je répèterai inlassablement qu'ils se trompent et que la réflexion stratégique est indispensable à toute entité économique quelle que soit sa taille. Cela pourrait surprendre, mais dites vous bien qu'un dirigeant-propriétaire d'une TPE de 4 personnes a en réalité plus de latitude au plan stratégique que le directeur d'une business unit ou d'une filiale de 500 personnes au sein d'un groupe. Le premier peut prendre des décisions de réorientation complète de sa boite, d'arrêt d'une activité, de positionnement sur un nouveau marché, de recrutement, sans avoir à en référer à qui que ce soit. Le second bien qu'il joue avec des sommes et des enjeux plus importants, n'a en réalité que très peu de marges de manœuvre. Il doit présenter des projets à des comités qui accepteront ou refuseront sur des critères parfois difficiles à comprendre vus de la filiale.

Alors, petits ou grands, glorieux ou misérables, vous n'échappez pas à la nécessité absolue de mener votre réflexion stratégique.

Par commodité, vous pouvez utiliser l'acronyme **PESTEL**, un moyen mnémotechnique pour résumer les facteurs d'environnement à analyser:

P pour Politique. Une élection, un contexte politique peuvent impacter très sérieusement une activité. Pour Microsoft, Apple ou BMW, les élections générales en Inde peuvent générer des opportunités phénoménales ou condamner définitivement tel projet. Pour la PME du bâtiment, un changement de majorité municipale peut modifier le paysage local.

E pour économique. La croissance Allemande ou le taux de change Euro/Dollar vont concerner de prés une grande entreprise exportatrice. Parallèlement, l'implantation de telle usine dans une vallée, ou la fin d'activité de telle autre vont provoquer menaces ou opportunités selon les cas pour la PME du coin.

S pour Sociologique. Le climat social, mais aussi la structure démographique sont très impactant. Nos campagnes vieillissent? Cela veut dire des opportunités dans la "Silver Economie"

T pour Technologique. C'est certainement le facteur le plus dynamique et le plus évolutif. Rappelez-vous du KOAN 18 qui vous invite à utiliser à fond les ressources technologiques à votre disposition et du 52 qui vous suggère d'exploiter les TIC. Et n'oubliez pas le 11.

E pour Environnemental. C'est une tendance lourde de nos sociétés et quoi qu'on en pense, il faudra faire avec la pression environnementale désormais. Rappelez-vous du KOAN 50 qui montre comment les Américains sont en train de faire de cette contrainte une véritable opportunité de business.

L pour Légal. Toute loi, tout règlement recèle des menaces ou des opportunités.

Vous voyez bien que les facteurs d'environnement sont autant de signaux qui vous montrent la voie à suivre et celle à ne pas suivre. Encore faut-il prendre la peine d'identifier ceux qui ont un lien avec votre activité et vous poser un instant hors du tumulte pour vous demander comment vous pouvez les utiliser à votre profit.

STRATEGIE

100 Jours pour changer ma boite!
Les KOANS de la sagesse stratégique

86

"La chaîne de valeur, périodiquement tu examineras"

Et rebelote ! Encore du Porter. Décidément, ce diable d'Américain a vraiment pointé du doigt tous les sujets fondamentaux en termes de stratégie.

De quoi s'agit-il?

Imaginez l'activité de votre entreprise, découpée en grandes masses. Porter distingue les activités de base des activités de soutien comme le montre le schéma ci-dessous:

(Source : www.actinnovation.com)

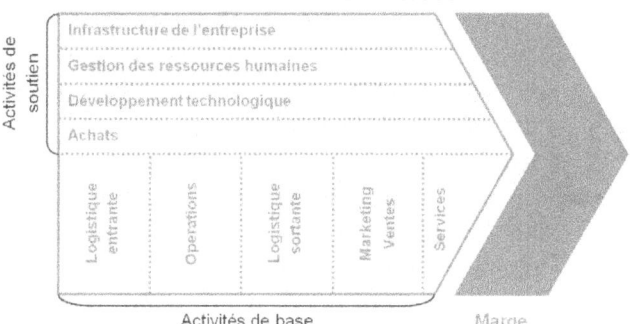

Bien entendu, ce schéma est théorique et ne sera pas exactement le même d'une entreprise à l'autre. Ce qui importe, comme toujours, c'est l'idée générale, l'esprit de ce concept. Le fait de se demander quels sont les activités ou groupes d'activité qui concourent à la compétitivité de son entreprise et donc à la création de valeur pour le client est en soi extrêmement profitable. D'abord parce que cela vous oblige à créer ces découpages, ce qui n'est pas forcément évident, puis parce que cela vous conduit à vous interroger sur la rentabilité de chaque "pavé" et donc sur la façon de la mesurer ou de l'évaluer. J'ai vu des entreprises où le simple fait de tenter l'analyse a fait prendre conscience au dirigeant qu'il n'avait aucun moyen de mesurer ce qui se passait en interne dans son entreprise et qu'il fallait d'urgence mettre en place une comptabilité analytique. Pour d'autres, la simple définition des pavés, entraine des discussions très intéressantes avec les personnes concernées et créé une dynamique nouvelle en termes d'organisation. Et puis plus simplement, lorsque l'on parvient à évaluer (même sommairement, pas besoin d'outils sophistiqués) la valeur produite par chaque "pavé", on peut alors prendre des décisions extrêmement profitables. C'est ainsi que certaines entreprise ont été conduites à externaliser totalement des fonctions entières qu'elles réalisaient très mal, pour se concentrer sur leur vrai métier. Si vous faites du e-commerce, il n'est pas certain que vous soyez meilleurs en logistique que des spécialistes du métier. Si vous êtes boulangers il n'est pas certains que vous soyez les plus efficaces pour gérer la paye...

Essayez donc de faire ce travail de découpage de vos activités. Prenez la chronologie des tâches réalisées pour produire ce que vous livrez à votre client, regroupez les de la façon qui vous semble la plus cohérente, puis essayez de voir votre performance dans chacun des groupes créés. Ce n'est pas grave si vous n'avez pas d'outil informatique capable de vous distinguer les coûts finement par activité. Vous trouverez toujours le moyen d'évaluer même approximativement un coût, une productivité, une difficulté. Ensuite demandez-vous si vous devez continuer à assurer toutes ces tâches en interne et si en les déléguant à d'autres, vous ne produirez pas plus de valeur ajoutée sur les tâches restantes. Le raisonnement fonctionne aussi dans l'autre sens pour réintégrer une tâche que vous sous-traitiez jusqu'alors.

STRATEGIE

"Une comptabilité analytique en œuvre tu mettras"

Evidemment, dans la foulée de du KOAN précédent, la comptabilité analytique tombe à point nommé.

Je ne veux cependant pas vous donner des complexes et vous torturer avec le fait de ne pas en avoir. Je vous rassure, l'immense majorité des TPE/PME, n'en n'a pas.

Pour autant, est-ce une raison de ne pas évoluer?

Laissez-moi-vous vanter les mérites d'une approche analytique.

C'est en effet un grand paradoxe de constater que toutes les entreprises françaises ont une comptabilité générale et que peu d'entre elles ont une comptabilité analytique.

Vous allez mieux comprendre...

En réalité, la comptabilité générale, est principalement utile pour le **fisc** puisqu'elle lui permet d'établir l'imposition dont l'entreprise est redevable et de vérifier que la TVA ainsi que les charges sociales ont bien été payées. Elle n'est que très peu utile pour les décisions de gestion puisqu'elle ne fournit qu'un résultat général, toutes activités confondues.

A contrario, la comptabilité analytique, est la seule capable de fournir au dirigeant des éléments pertinents pour la seule chose importante qu'un dirigeant ait à faire: **prendre des décisions**. Arrêter tel produit peu rentable, intervenir sur telle partie de son process de production pas assez performante, diversifier ses fournisseurs, externaliser ou internaliser telle activité....

Comme son nom l'indique, une comptabilité analytique va permettre d'analyser véritablement le fonctionnement de votre entreprise en fournissant des indicateurs, des résultats, par produit ou service, par étape de production, par entité si vous en avez plusieurs...

Réfléchissez au temps que vous passez et aux ressources que vous mobilisez (saisie, expert comptable, commissaire aux comptes) uniquement pour permettre au fisc de mieux vous imposer. Demandez-vous alors si, vous ne pouvez pas en complétant un peu ces efforts (affectation de chaque dépense à une ligne de produit ou à une étape de production) obtenir des données bien plus intéressantes et productrices de valeur ajoutée pour votre métier de dirigeant. Interrogez votre comptable, votre prestataire informatique, parfois il ne faut pas grand-chose. Mais une fois de plus je vous mets en garde contre les excès. Si vous n'aviez rien jusqu'à présent, peut-être pouvez vous vous contenter d'un outil simple, même imparfait. Attention aux usines à gaz qui auront l'effet inverse!

GESTION FINANCES

"Les tristes sires point tu n'écouteras"

Si vous avez un projet -et j'espère que vous en avez-, je ne sais pas si c'est un bon projet, je ne sais pas si vous réussirez, je ne sais pas s'il vous convient vraiment, mais en revanche je sais une chose avec une certitude absolue, même sans connaitre le début du commencement de votre projet: Vous allez rencontrer des personnes qui vous expliqueront qu'il ne faut surtout pas y aller. Pas une ou deux personnes ; des tas de personnes.

Alors, "Turn your back" comme disent les yankees. Tournez le dos à tous ceux qui veulent vous empêcher de poursuivre votre rêve, parce qu'ils n'y comprennent rien, ou parce qu'ils croient justement tout comprendre, ou parce qu'ils ont peur, ou parce que c'est trop tard, ou parce que c'est trop tôt, ou tout simplement parce que c'est un rêve...et que les rêves ce n'est pas sérieux.
Vous pourrez m'objecter que c'est exactement ce que disent les fous, lorsqu'on veut les empêcher de réaliser leurs "folies".
En effet, c'est la même démarche intellectuelle qui unit un fou génial (Thomas EDISSON à qui tout le monde prédisait qu'il était impossible de réaliser l'ampoule que nous utilisons depuis des décennies) à un fou tout court (excusez moi, je n'ai pas d'exemple précis, mais en cherchant bien vous en trouverez peut-être dans votre entourage).
En fait, tous les deux sont fous, tant qu'on n'a pas vu le résultat.
Tout projet ambitieux pris au début ou même en cours peut être taxé de pure folie.
Ou dit autrement, un fou est un génie qui ne s'est pas encore révélé.
Bien sûr on peut border un projet par des éléments objectifs, tangibles, "raisonnables", mais ils ne doivent être que des éléments parmi d'autres, qui vous serviront à vous construire votre intime conviction.
Akio MORITA, le fondateur de SONY racontait dans son livre "Made In Japan" que tous ses cadres et tout sont entourage étaient hostiles au lancement du walkman sur le marché. Il décida de passer en force et d'imposer son "caprice"...on connait la suite, et je rappelle aux plus jeunes que le walkman de SONY, outre son immense succès commercial sur plusieurs décennies, n'est rien moins que le précurseur de l'IPOD et des usages musicaux que nous faisons aujourd'hui de nos Smartphones!

Ne vous laissez jamais polluer l'esprit par les pensées négatives qui émergeront systématiquement de la part de personnes bien ou mal intentionnées dès lors que vous présenterez un projet. Ecoutez les remarques, considérez-les froidement, mais partez du principe que les tiers qui vous freinent sont dans une position subjective. D'une subjectivité symétrique à la vôtre. Vous manquez d'objectivité quand vous pensez à votre projet parce que c'est votre bébé. Mais eux manquent tout autant d'objectivité, parce qu'ils ne savent rien de ce qui vous anime à l'intérieur. Alors à choisir entre deux subjectivités, la vôtre est forcément moins mauvaise puisque celle là, vous la maitrisez.

PERSO DIRIGEANT

100 Jours pour changer ma boite!
Les KOANS de la sagesse stratégique

89

"La mixitié dans ton entreprise tu cultiveras"

En la matière, ma position, n'est ni philosophique, ni humaniste, ni motivée par une quelconque stratégie de "fayotage" vis-à-vis des femmes pour m'attirer leurs faveurs. Elle est tout simplement le fruit d'une observation.

La "consanguinité", de quelque nature qu'elle soit, est toujours pénalisante à terme pour une entreprise (et probablement pour toute structure vivante ou organisationnelle).

La mixité, le brassage, produisent toujours des résultats porteurs de développement.

Hommes/Femmes, Jeunes/Vieux, Super diplômés/Autodidactes, Techniciens/non techniciens, Créatifs / Méthodiques, Ingénieurs / Commerciaux, Ecole A / Ecole B, Nation A / Nation B...

J'ai le souvenir d'une entreprise qui a failli mourir de consanguinité. Spécialisée en informatique industrielle, cette entreprise créée par des Ingénieurs d'une école que je ne citerai pas (parce qu'elle produit de magnifiques ingénieurs et que l'école en elle-même n'est pas en cause) a fonctionné pendant des années en ne recrutant que des ingénieurs issus de cette même école. Le problème s'est notamment posé pour les ingénieurs d'affaires, chargés de vendre les solutions de cette entreprise. L'équipe était de moins en moins performante et après 2 à 3 ans dans leurs fonctions, les jeunes ingénieurs d'affaires quittaient l'entreprise. Les dirigeants, persuadés que seuls des ingénieurs de bon niveau pouvaient vendre efficacement leurs solutions, se sont toujours refusé à recruter "en dessous" et se trouvaient donc dans une sorte de blocage. Ils ont fini par faire un test en intégrant dans l'équipe commerciale un collaborateur issu d'un BTS. Et ils ont été surpris de constater qu'en moins d'un an, il avait les meilleures performances de l'équipe. S'en est suivie une émulation bénéfique et la fin du dogme en matière de recrutement.

Le plus bel exemple d'intelligence en la matière m'a été fourni par un patron de PME ultra performante (croissance à 2 chiffres, rentabilité à 2 chiffres) qui ayant bien compris la notion de mixité et de complémentarité a organisé la direction de son entreprise en binôme avec une personne que je qualifierai de diamétralement opposée: Ingénieur/Financier, assez jeune / en fin de carrière, plutôt "fou-fou"/ plutôt pépère, très cassant dans son management / tout en rondeur et en finesse...

Il existe même certaines grandes entreprises qui intègrent volontairement des profils "atypiques" (philosophes, artistes) dans leurs équipes stratégiques ou de R&D pour répondre à ce besoin de mixité.

Bien sûr, il ne s'agit pas de tomber dans le dogme ou dans ces modes de management que j'ai tant décriées. Mais tranquillement, à la façon d'une PME, interrogez vous avec pragmatisme sur les sujets où un peu de mixité pourrait apporter une amélioration. Cela peut être sur un poste de travail précis, ou sur votre entourage direct ou sur votre premier cercle (rappelez-vous, KOAN n°1).

RH

100 Jours pour changer ma boite!
Les KOANS de la sagesse stratégique

90

"Un ERP (ou équivalent) tu installeras"

Enterprise Ressource Planning (à prononcer avec un accent Texan si possible). Si le CRM (voir maximes 9 et 10) est un combat, alors l'ERP est "la mère des batailles".

Un ERP qui marche c'est le fantasme absolu du dirigeant gestionnaire: Big Brother à portée de clic.

C'est en effet ce que propose l'ERP, une gestion globale, intégrée de toutes les fonctions de l'entreprise sous un même outil informatique. Dès lors, tous les croisements sont possibles, toutes les analyses sont envisageables, on entre dans le monde fabuleux de l'informatique décisionnelle.

Trop souvent, alors qu'on veut analyser, comprendre une situation, on se heurte à un "problème informatique":

"La GPAO (Gestion de Production Assistée par Ordinateur) ne peut pas communiquer avec la gestion commerciale". Du coup, impossible de retracer le flux prospection, devis, commandes, livraisons dans son ensemble et de l'analyser par type de clientèle, sauf à réaliser un travail de titan qui sera obsolète après quelques semaines.

"La gestion du SAV ne permet pas d'exportation sur Excel". On se privera alors d'une exploitation rapide des informations remontées du terrain...

La liste est interminable, de ces cloisonnements, incompatibilités, différences de langages entre systèmes qui pourrissent la vie de celui qui essaie de mettre des données en correspondance, pour comprendre puis agir.

C'est ce que permet de résoudre un ERP, du moins en théorie (voir maxime suivante).

Avec un ERP bien en place le dirigeant peut disposer de la seule chose dont il ait réellement besoin pour faire son métier de "preneur de décisions": Un tableau de bord complet, à jour et en temps réel.

Alors si vous n'avez pas déjà un ERP, avant de vous lancer dans l'implantation de nouveaux outils informatiques posez-vous la question de leur compatibilité entre eux, des passerelles existantes. Et surtout demandez vous s'il vaut mieux des systèmes ultra performants mais cloisonnés ou un système transversal quitte à ce qu'il soit moins performant dans chaque applicatif. Je n'ai pas d'avis tranché sur la question ayant assisté à des réussites et des échecs dans les deux cas de figure.

ORGANISATION

100 Jours pour changer ma boite!
Les KOANS de la sagesse stratégique

91

"D'un ERP comme la peste tu te méfieras"

Il arrive que la mère des batailles tourne à la débâcle, la bérézina. Alors, si on n'est pas mort, il reste à compter les blessés, évaluer les dégâts, panser les plaies et se remettre en marche. Eh oui! Le bel ERP flamboyant dont j'ai vanté les mérites page précédente, perd soudain de sa superbe. La promesse des lendemains qui chantent se transforme en véritable cauchemar et le dirigeant, maudit à jamais la religion informatique ainsi que ses prophètes de malheur ; j'ai nommé les consultants et informaticiens.

Pour éviter d'en arriver là, une fois de plus, gardez vous de la diabolisation comme de la béatitude.
La mise en place d'un ERP est **forcément** une opération délicate produisant toutes sortes d'effets secondaires (humains, techniques, organisationnels), au-delà même de son éventuel dysfonctionnement intrinsèque.

C'est donc un chantier qui doit être considéré par le dirigeant comme de la plus haute importance, et nécessitant une surveillance extrêmement serrée. Dans une PME, c'est inévitablement le dirigeant qui doit assurer la gestion d'un tel projet même s'il a un collaborateur ou consultant chargé de l'assistance à maîtrise d'ouvrage (c'est-à-dire s'occupant du quotidien et du volet technique).

Il existe maintenant des offres adaptées aux petites entreprises, à condition qu'on soit capable de renoncer à certaines fonctionnalités. Par exemple, dans certaines entreprises de Production (sous-traitance notamment), c'est souvent la GPAO qui est centrale, tant le processus de production domine tous les autres. Et bien soyons pragmatiques et adoptons l'ERP de notre éditeur de GPAO ou bâtissons un système à partir de modules tous compatibles avec notre GPAO. Dans d'autres entreprises il existe des logiciels "métier" qui traitent bien une fonction vitale (conception, gestion commerciale) et pas forcément les autres. Faites donc vos choix en connaissance de cause et ayant à l'esprit qu'il n'existe pas de solutions totalement satisfaisantes. Mêmes les grosses entreprises dotées de moyens très importants doivent faire face à de nombreuses insatisfactions en la matière.

ORGANISATION

"Les facteurs clés de succès dans ton métier tu identifieras"

J'ai toujours été frappé de constater que les dirigeants les plus performants étaient capables de caractériser leur métier, leur marché, ou encore leur environnement concurrentiel, en quelques traits bien sentis. Pas besoin de longs discours, pas d'explications alambiquées, mais une vision claire des quatre ou cinq critères qui comptent réellement.

"Ce qui se conçoit bien s'énonce clairement". Le proverbe de Boileau s'applique parfaitement à ce sujet et montre à quel point ceux qui ont les idées claires sur leur situation stratégique, sont capables de l'exprimer avec facilité et simplicité.

Une fois de plus, la ligne de démarcation ne se situe pas entre d'éventuels érudits et d'éventuels ignares de la science stratégique, mais plutôt entre ceux qui - la connaissant ou pas - en ont capté l'essence.

J'ai déjà écrit dans cet ouvrage que j'ai côtoyé nombre de dirigeants non initiés à la méthodologie stratégique et managériale qui sont pourtant de véritables maîtres en la matière. Sans le savoir, sans le dire.

J'ai aussi côtoyé de prétendus experts qui s'enivraient d'un vocabulaire savant et n'appliquaient en rien les principes dont ils avaient la bouche pleine.

L'identification des facteurs clés de succès est prônée notamment par Michael Porter, (encore lui, KOAN 13). Le simple fait de se prêter à l'exercice d'identification de quelques facteurs déterminants, est en soi une démarche vertueuse, car elle oblige à s'interroger sincèrement, elle pointe du doigt les éventuels manques d'information et elle peut donner lieu à des débats internes, des échanges, porteurs de réels progrès. Enfin, la nécessité de se limiter à 3 ou 4 éléments caractéristiques oblige à être discriminant et à clarifier les situations. Une fois les facteurs clés de succès identifiés, vous pourrez alors vous concentrer dessus.

Posez-vous un instant. Observez ceux qui réussissent le mieux dans votre métier et demandez-vous quels sont les facteurs clés qui les caractérisent. Décortiquez les composantes de leur succès. Demandez-vous ensuite si votre entreprise maitrise ces facteurs, totalement, partiellement ou pas du tout. Vérifiez si vous ne pouvez pas maitriser des facteurs de succès spécifiques. En fonction des réponses vous saurez ce qu'il vous reste à faire...

STRATEGIE

"L'imperfection tu accepteras"

Les sciences du management, outre le fait qu'elles ne sont pas de véritables sciences (on les range dans les sciences "molles" par opposition aux sciences dites "dures") trainent un péché originel en ce sens qu'elles laissent à penser à leurs nouveaux adeptes que tout peut être prévu ou au moins maitrisé dans la vie d'une entreprise.

Que nenni !

Les candides étudiants ainsi que les dirigeants ou cadres d'entreprises n'ayant pas encore goûté à la chose, restent souvent ébahis devant la docte pensée des professeurs et consultants de tout poil qui laissent croire qu'on peut tout prévoir et tout contrôler dans la vie d'une entreprise à l'aide de concepts, de méthodes, d'outils de management.

Rien n'est plus faux, et si on laisse trop se développer des espoirs démesurés de maîtrise, le contrecoup n'en est que plus violent au réveil. C'est ainsi que les promesses excessives mènent au désenchantement et pour finir au rejet de toute approche méthodique du management.

Combien de fois n'ais-je entendu des dirigeants fustiger les enseignements des écoles de management au prétexte que "ça ne marche pas".

Evidemment, la déception est à la hauteur de l'espoir suscité.

Pour celui qui comme moi, navigue en permanence entre les deux mondes du management, celui des concepts et celui des réalités quotidiennes, la tension est permanente. C'est la position du diplomate qui finit, lors d'un conflit, par se faire accuser de traitrise par les deux camps. Pourtant le diplomate, le médiateur, du fait même de sa position, voit bien les excès de chaque protagoniste, ainsi que les possibilités de convergence.

C'est à ce rôle qu'est condamné un consultant simultanément impliqué dans la PME et dans les grandes écoles.

C'est pourquoi j'affirme que la plus frêle TPE/PME a intérêt à faires siennes les techniques, les méthodes de management les plus récentes ; mais ceci à deux conditions:

1/Accepter l'idée que ces méthodes, concepts, outils, ne peuvent pas s'appliquer pleinement et qu'il faudra les réinventer partiellement pour cadrer avec la réalité forcément spécifique de chaque entreprise. Ce qui implique un effort supplémentaire.

2/Comprendre que la perfection est tout simplement inaccessible, y compris dans un outil, une méthode, et qu'on devra donc faire des choix, accepter des imperfections.

Avez-vous déjà rejeté des méthodes, des démarches de progrès au prétexte que "cela ne marchait pas"? Si oui repentez vous et réexaminez la situation.

Avez-vous songé à baisser légèrement votre niveau d'exigence pour entrer dans une démarche progressive d'adaptation face à un logiciel, une forme d'organisation, un processus? C'est ce que font les meilleurs!

PERSO DIRIGEANT

100 Jours pour changer ma boite!
Les KOANS de la sagesse stratégique

94

"The extra mile tu franchiras"

Désolé si ce livre est truffé de termes et de références "made in USA", je vous rassure, ce n'est pas lié à une quelconque idolâtrie béate de tout ce qui vient de chez l'oncle Sam. C'est simplement lié au fait que lorsqu'on s'intéresse à la performance dans le domaine de l'entreprise, et aussi du développement personnel les yankees sont doublement en avance.

Premièrement, en termes de réussites d'entreprises tous secteurs confondus, on est obligés de leur accorder la palme, en tant que nation.

Deuxièmement c'est aux USA que s'est développée le plus vite l'industrie du développement personnel avec des méthodes, des concepts fortement élaborés.

La conjonction de ces deux éléments me conduit donc à vous proposer régulièrement des maximes s'appuyant sur des concepts formulés outre Atlantique.

Mais alors qu'est-ce que ce concept d'"extra mile"? Littéralement cela veut dire le kilomètre supplémentaire?

Si vous avez couru un jour un marathon ou fait une sortie un peu longue en vélo et que vous avez éprouvé à un moment, une grande fatigue, avec l'envie d'arrêter alors que vous étiez loin du but, vous savez ce qu'est ce concept. C'est tout simplement celui qui permet d'accomplir de grandes choses, impensables tant qu'on ne les a pas faites. Le marathonien fatigué au kilomètre 21 n'arrivera jamais s'il se dit qu'il lui reste encore 21,195km. Psychologiquement c'est intenable. Et pourtant, il termine son marathon. C'est tout simplement parce qu'au lieu de penser à l'objectif inaccessible de l'arrivée finale, il se focalise sur un objectif moins démoralisant et accessible: le kilomètre suivant, ou le virage suivant, ou le panneau suivant. Et c'est parce qu'il fait ce petit kilomètre supplémentaire malgré son épuisement, qu'il arrivera au bout, en pensant à chaque fois au kilomètre suivant et seulement au kilomètre suivant.

Ce principe trouve parfaitement sa transposition dans le monde de l'entreprise. Par exemple en matière commerciale, c'est souvent après avoir épuisé son fichier de prospects en refus, en indisponibilités en rendez vous non honorés, que le vendeur insistant, tente un dernier contact...et fait l'affaire de la semaine, du mois ou de l'année (je n'irai pas jusqu'au siècle, mais sait-on jamais...) tant attendue. Cela m'est arrivé personnellement et je connais des tas de commerciaux qui ont vécu la même expérience. Et j'en ai vu la transposition en production, en R&D, en finance...

Reprenez ce concept à votre compte et dans tous les compartiments de votre entreprise, une fois que vous pensez être allé au bout, mobilisez vos forces et faites le, ce kilomètre supplémentaire. Notamment en matière de relation client, allez de temps en temps au-delà de ce qui était convenu ou attendu par le client, vous verrez les effets que cela produit. Une fois cette habitude prise, sensibilisez vos collaborateurs à cette notion, vous démultiplierez les forces de votre entreprise de façon insoupçonnée.

PERSO DIRIGEANT

100 Jours pour changer ma boite!
Les KOANS de la sagesse stratégique

95

"Tes propres erreurs tu béniras"

Oui, je sais, l'erreur, l'échec ne sont pas des choses faciles à avouer et à assumer. Il semble donc encore plus difficile de s'en réjouir, ou de les bénir comme le propose ce KOAN.

Mais, au stade du jour 89, vous commencez à me voir venir, et vous savez déjà que je prône tout à la fois, la responsabilité pleine et entière du dirigeant dans tout ce qui lui arrive, ainsi que la pensée positive. Les deux sont d'ailleurs très liées.

C'est donc dans ce cadre de pensée que j'affirme la nécessité de considérer ses erreurs comme de véritables aubaines.

Il n'y a pas de réussite sans erreurs, sans échecs, de même que pour un sportif il n'y a pas de progrès et donc de médaille, sans douleur. La douleur est l'indicateur qui montre au sportif qu'il est sur la voie du progrès, ou dans certains, cas qu'il est allé trop loin ; mais en tout état de cause c'est un élément de son tableau de bord, un jalon précis sur son tableau de marche.

Il en est de même des erreurs pour le dirigeant. Elles nous montrent le chemin par la négative. La démarche "essai-erreur" n'est elle pas utilisée avec bonheur dans de nombreux domaines scientifiques? Le problème dans le cas de l'entreprise, outre les dégâts causés c'est l'impact mental et émotionnel sur le dirigeant.

La petite erreur sans conséquence (un contrat perdu, un recrutement raté…) ne fera qu'égratigner la fierté du dirigeant,

L'erreur chère payée entrainant des pertes ou des licenciements l'impactera profondément.

L'erreur fatale conduisant au dépôt de bilan ou à la liquidation le stigmatisera à jamais.

"Si vous n'avez pas échoué c'est que vous n'avez pas assez essayé". Cette phrase est prêtée à Michael DELL, le fondateur de DELL, et peu importe qui l'a dite en réalité, mais elle sonne vraiment juste pour notre sujet du jour. De même que pour les commerciaux, les objections peuvent être vues soit comme des embûches soit comme des bénédictions qui montrent la bonne voie en creux ; les échecs doivent être perçus par les dirigeants comme des jalons, des clignotants qui balisent le sentier à suivre. Alors en cas d'erreur, cessez de vous mortifier et demandez vous quelle est la leçon qui vous est donnée. Tirez en les conclusions, et recommencez !

PERSO DIRIGEANT

"La loi normale tu utiliseras"

Appelée également loi LAPLASSE-GAUSS (2 mathématiciens Français et Allemand du 18° siècle) elle permet de modéliser toutes sortes de phénomènes naturels et notamment des comportements humains. Mettez vous sur un quai de gare à l'arrivée d'un train et vous constaterez que la population se répartit souvent selon cette loi: Tout le monde au milieu et presque personne aux extrémités.

Cette loi est également valable pour décrire les caractéristiques physiques d'une population.

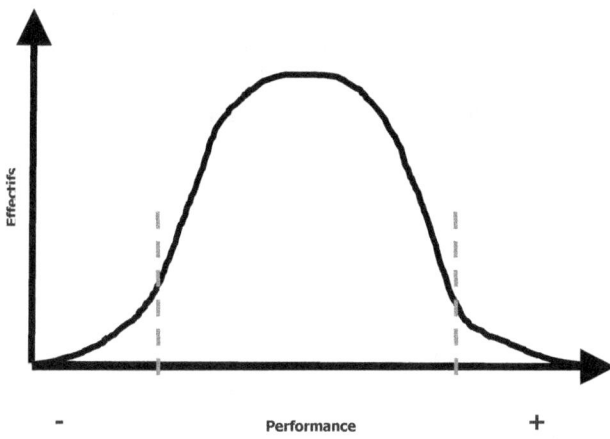

Si on se réfère par exemple à la taille des individus, il ne vous a pas échappé, dans la rue, dans une classe, dans un groupe humain quelconque, qu'une majorité de gens ont une taille moyenne (aux alentours d'un mètre soixante quinze pour les hommes) et que seuls quelques uns sont nettement plus petits et quelques autres nettement plus grands. Et cela est vrai dans une multitude de domaines, notamment ceux qui concernent les capacités, des individus et leur performance.

J'ai par exemple souvent utilisé la loi normale pour comprendre et expliquer les aptitudes des commerciaux. Contrairement à ce qu'on affirme il n'y a pas des vendeurs-nés d'un côté et des inaptes à la vente de l'autre. Ces deux catégories existent bien mais elles sont infiniment minoritaires et se situent aux deux extrêmes de la courbe. Si on prend pour axe des abscisses, l'aptitude naturelle à la vente, les vendeurs-nés sont l'extrémité droite du graphique et les incapables de vendre, complètement à gauche. Mais ce que nous enseigne la loi normale (je l'ai vérifié des centaines de fois) c'est que l'immense majorité des individus se situe dans la partie centrale de la courbe et peut se déplacer vers la droite avec, l'expérience, l'apprentissage, la formation, l'effort.

Alors la prochaine fois que vous serez confronté à un sujet relatif aux aptitudes et aux comportements humains, repensez à la loi normale, il y a de grandes chances pour que le modèle s'applique. Dès lors vous comprendrez peut-être un peu mieux que les différentes catégories de population qui sont devant vous (schématiquement 3 catégories, les "normaux", les "faibles" et les "super forts") ont des attentes et des besoins différents. S'il s'agit de collaborateurs (commerciaux ou autres) portez plus d'attention à ceux qui sont à gauche du graphique, formez les, soutenez les pour les aider à progresser vers la droite. Pour ceux qui sont à droite, challengez-les en leur donnant des défis plus stimulants…mais aussi surveillez-les de près. En tout état de cause, votre capacité à discerner ces différences vous aidera à coup sur à obtenir de meilleurs résultats.

GESTION FINANCES

"Les outils de Mind-Mapping tu essaieras"

Voila un outil novateur, intéressant, curieux parfois.

Novateur pas tant que cela puisque le concept est issu de recherches datant des années 70.

Intéressant à coup sûr. Une fois qu'on y a goûté, on en redemande.

Curieux c'est également certain. A chaque fois que je l'ai vu utiliser ou utilisé moi-même j'ai remarqué qu'il suscitait l'intérêt de tous, captait l'attention.

"Un bon croquis vaut mieux qu'un long discours". Le bon vieil adage populaire que l'on prête à Napoléon Bonaparte résume parfaitement l'intérêt du, Mind Map qu'on appelle également schéma heuristique, topogramme ou carte mentale. J'aime bien cette dernière expression qui résume l'esprit du Mind Mapping. Il s'agit en effet, de représenter un projet un concept, une idée, des réflexions, selon une approche quasi topographique, comme le fait une carte pour des lieux géographiques.

L'intérêt de cette approche réside dans son aspect visuel très favorable à la créativité et à la participation.

Mais surtout, son atout majeur c'est qu'on est pas obligé de choisir entre approche cartésienne et approche créative. Moi qui ai été fortement structuré par une approche cartésienne (méthodique) des problèmes, j'ai toujours eu peur de perdre en efficacité et en "sérieux" si j'utilisais des méthodes moins systématiques, plus intuitives. Eh bien, j'ai trouvé la quadrature du cercle dans le Mind Mapping. En effet, cet outil permet de faire cohabiter à la fois le bordélique et le structuré, le chaotique et le bien ordonné. Vous pouvez par exemple balancer toutes vos idées sur la carte, sans les ordonner, au fur et à mesure qu'elles apparaissent à votre conscience et créer ensuite, seulement ensuite, les liens qui vont rétablir de la logique. Inversement si vous préférez entrer dans un sujet par une série de points structurés et hiérarchisés, vous le pouvez aussi ; quitte ensuite à les déstructurer, les "bordéliser". Grâce au Mind Mapping vous pouvez fonctionner en harmonie avec le cheminement naturel de la pensée, c'est-à-dire, par association d'idées. Vos projets deviennent autant de neurones avec des connections multiples entre eux. Vous pouvez avoir une approche soit holistique et non linéaire soit séquentielle; et vous pouvez aussi avoir les deux. Génial non?

Si vous connaissez, je suis sur que vous êtes conquis et que je viens d'enfoncer des portes ouvertes.

Si vous ne connaissez pas, jetez vous sur le sujet, allez voir sur le web, payez vous une formation, achetez un logiciel… Moi j'utilise Mindjet Manager mais il y en a plein d'autres, et vous pouvez aussi tout simplement fonctionner sur papier ou sur tableau mural (mais je recommande tout de même les logiciels). Et surtout, une fois que vous aurez pigé, empressez vous de sensibiliser vos collaborateurs, vos partenaires. Ca marche pour tous les sujets: stratégie, production, commercial, rh, Innovation, et bien entendu aussi pour les questions personnelles. Allez… à vos cartes!

ORGANISATION

"Une stratégie d'approvisionnement tu définiras"

Raisonnons d'abord par le petit bout de la lorgnette: 2 points d'économie sur les achats c'est mécaniquement, 1 point de résultat dans une activité industrielle moyenne. En effet, le poids des achats est de l'ordre de 50% du CA en moyenne dans les activités industrielles. Cela varie en fonction des secteurs et des organisations (choix d'externalisation ou d'internalisation) et ne parlons pas du négoce où les achats peuvent parfois peser beaucoup plus. Or, aujourd'hui la mondialisation couplée aux moyens d'échange électroniques, fait qu'il est très facile de trouver d'autres fournisseurs moins chers dans presque tous les postes d'achat. Il existe même des prestataires spécialisés qui font le travail pour vous et se rémunèrent sur l'économie réalisée. Mais en réalité, ce point n'est pas le plus important que je souhaite souligner dans ce KOAN. Je ne prétends pas qu'il faille négliger les économies qu'on peut réaliser, mais les gains à attendre d'une stratégie d'approvisionnement sont ailleurs et bien plus importants.

L'idée sous-jacente est toujours la même depuis le début de ce livre. Arrêtez de subir et tentez de prendre le pouvoir sur les événements qui arrivent à votre entreprise. Les achats sont devenus avec le temps une fonction éminemment stratégique et les grands industriels ne s'y sont pas trompés en développant ces stratégies d'approvisionnement que j'appelle de mes vœux aussi dans les PME. Pourquoi? Tout simplement parce qu'avec la complexité croissante des technologies et la rapidité de leurs évolutions, une entreprise, aussi importante soit elle, ne peut pas espérer tout faire avec le maximum de compétitivité. C'est comme cela que les grands industriels sont devenus des concepteurs-assembleurs-marketeurs et s'appuient sur des réseaux de sous-traitance et de partenaires de plus en plus élaborés (supply chain). Pourquoi cela serait-il interdit à la PME?

Avoir une stratégie d'approvisionnement c'est se poser en permanence la question du "Make or buy" (Faire ou Faire Faire, en Français) et si on décide d'aller dans le "buy" pour un objet ou un service, se demander quels sont tous les fournisseurs potentiels, puis avoir une démarche structurée d'approche de ces fournisseurs afin de voir comment en tirer le meilleur.

Et le meilleur ce n'est pas forcément, ou plutôt pas seulement des prix plus bas. Vos fournisseurs (actuels et nouveaux) sont une manne d'idées nouvelles, d'opportunités, de créativité…

Avez-vous réellement exploré les possibilités que recelle votre fonction achat? Au-delà des des points de marge que vous pourrez récupérer, avez-vous songé aux nouveaux produits et services que vous pourrez proposer grâce à de nouveaux fournisseurs? Même si vous êtes producteurs, avez-vous imaginé la possibilité d'étoffer vos gammes de produits en y ajoutant des produit fabriqués par d'autres (et éventuellement estampillés à votre marque). Ne négligez pas ce gisement illimité de potentialités, commencez tout de suite, fouillez, cherchez…ou faite le faire si vous n'avez pas le temps.

STRATEGIE

100 Jours pour changer ma boite!
Les KOANS de la sagesse stratégique

99

"De la loi de Parkinson avisé tu seras"

Selon l'historien Britannique Parkinson, « le travail s'étale de façon à occuper le temps disponible pour son achèvement ».

En clair, Parkinson considère le travail comme un gaz, qui peut se dilater indéfiniment en fonction de l'espace qu'on lui laisse.

Vous irez voir les nombreux ouvrages et sites web qui traitent du sujet mais je veux avant tout vous inciter à la réflexion autour de cette notion.

Bien entendu, quant on y fait référence, on pense souvent à l'administration et aux multiples exemples de gonflement des effectifs pour une productivité sans cesse en baisse. Le désastre économique soviétique qui a conduit à l'effondrement du système sur lui-même s'explique en grande partie par cette loi. J'ai eu l'occasion de me rendre à plusieurs reprises dans des pays du bloc soviétique, avant et après l'effondrement du régime et j'ai pu constater par moi-même les aberrations administratives auxquelles on parvient dans un système qui nie la responsabilité individuelle. Et à ce titre, notre beau pays n'a pas beaucoup de leçons à donner, tant il est vrai que nous reproduisons des schémas "néo-soviétiques" dans de nombreuses sphères administratives ou associatives. Pourquoi?

Les soviétiques étaient-ils une nation de fainéants? Les fonctionnaires sont-ils par définition des tire-au-flanc ou des mollassons? Non, bien sûr que non. Se sont des personnes humaines comme vous et moi et les dérives ne se produisent que pour une raison simple. Parce que la loi de Parkinson, universelle, est toujours là, au tréfonds de l'âme humaine et des organisations. Dès lors que la personne est exonérée de sa responsabilité individuelle, et qu'en parallèle, elle est embringuée dans des activités peu motivantes, peu valorisantes, la loi se met à l'œuvre et le temps de réalisation d'une tâche s'étire indéfiniment.

J'ai connu par exemple le cas très intéressant d'un entrepreneur qui a racheté une entreprise et maintenu l'ancien patron à un poste technique car il avait un savoir faire spécifique. Cet entrepreneur était atterré par le changement d'attitude et de productivité de l'ancien patron devenu salarié!

Alors dans votre propre entreprise faites bien attention car la loi de Parkinson, guette. Assurez-vous en permanence que vos collaborateurs, comprennent ce qu'ils font, y trouvent du sens, et si possible un minimum de satisfaction. Veillez à ce que chacun soit conscient de sa responsabilité personnelle, à son niveau : Assurer la rentabilité et la survie de l'entreprise pour le Patron, livrer à l'heure pour le chauffeur, ne pas laisser sortir un produit défectueux pour l'ouvrier, relancer correctement ses clients pour le commercial...Chacun doit savoir quel est son périmètre de responsabilité et être en mesure de constater ses propres dérives. Sinon, le gaz se répand et se dilate.....

RH

"Tes vraies forces tu identifieras"

Les spécialistes du développement personnel sont unanimes, plutôt que de perdre son temps à essayer de gommer ses faiblesses, il est largement plus profitable de se concentrer sur ses forces pour les développer et en faire bon usage. Mais encore faut-il connaitre ses propres forces, les identifier.

Et là se pose l'éternelle question de l'inné et de l'acquis. Suis-je doté de capacités naturelles enfouies en moi qu'il suffirait de faire émerger? Ou dois-je considérer qu'en travaillant dur on peut développer toutes les capacités que l'on souhaite? Les deux mon capitaine!

Personnellement, je suis un ardent défenseur de la valeur travail et je crois fermement qu'avec un travail approprié et en y mettant l'intensité ; à peu près rien ne peut résister à un individu. Mais aussi paradoxal que cela puisse paraître, cette conviction n'est en rien contradictoire avec l'idée qu'il est préférable d'investir sur ses forces prioritairement. Rappelez-vous du KOAN 90 qui porte sur la loi normale. C'est bien de cela qu'il s'agit. Chacun d'entre nous se trouve à différents endroits de l'axe des abscisses pour chacune des qualités qu'on peut envisager: parmi les très bons pour la mémoire, parmi les très mauvais pour la créativité, parmi les moyens pour le sport...etc.

Je maintiens que sur n'importe quel critère (la mémoire, la créativité, l'aptitude au sport, les réflexes, les capacités mathématiques...) celui qui investit puissamment par le travail, va se propulser inévitablement vers la droite de l'axe, se rapprochant des meilleurs. Mais cette même personne, avec le même travail et le même engagement, se propulsera beaucoup plus loin si elle concentre ses efforts sur des aptitudes profondes et naturelles.

Chacun d'entre nous se voit doté d'un "jeu de cartes" qui constitue nos aptitudes naturelles, nos potentialités de départ. Le résultat de la partie dépend plus de la capacité à utiliser correctement ces cartes que de la qualité des cartes elle-même. Or toute la difficulté réside dans l'identification de ces fameuses aptitudes naturelles, les cartes de départ qu'il conviendrait ensuite de développer par le travail.

Alors n'allez pas croire qu'il suffirait de se faire révéler par je ne sais quel procédé magique ou quel gourou, les dons que la nature nous aurait offerts et qu'à partir de là tout serait facile. Peut-être pour certains, mais pas pour l'immense majorité dont vous et moi faisons très certainement partie. Ceci étant, il est vrai que le chemin sera moins douloureux si vos efforts doivent porter sur des domaines pour lesquels vous avez plus d'aptitudes. Je vous invite donc à faire ce travail de plongée au fond de vous-même pour identifier ces qualités qui sont peut-être, profondément cachées. Rappelez-vous dans STAR WARS, le jeune JEDI qui n'a pas conscience de ses capacités, lesquelles ne seront révélées qu'avec l'aide de maître YODA. Tous les contes et légendes sont truffés de situations de ce genre. Malheureusement, vous n'avez peut-être pas à disposition un maitre YODA qui vous permettra d'aller vers la lumière, vers LA révélation. Alors retroussez-vous les manches et cherchez au plus profond de vous-même. Faute de maître YODA, j'ai peut être une piste pour vous aider. Je vous suggère d'acheter Strenght Finder (trouveur de forces), le livre de Tom RATH. Ce livre très court, comprend un code qui vous permet d'accéder à un test en ligne, vous aidant à identifier ces fameuses capacités. Cela vaut ce que cela vaut, mais pourquoi se priver d'une aide?
PERSO DIRIGEANT

100 Jours pour changer ma boite!
Les KOANS de la sagesse stratégique
101

"Le goût pour l'action concrète tu cultiveras"

Cela pourrait sembler paradoxal de parler d'action dans un livre de réflexion sur l'entreprise. D'ailleurs, le simple fait d'en parler dans un livre tout court, est en soi antinomique.

L'action ne peut se vivre et se comprendre que dans l'action.

Pour autant, dois-je renoncer à évoquer ce point central? Non, car le seul moyen de diffuser une idée en faveur de l'action reste le passage par un intermédiaire comme le livre, ou la vidéo, ou la conférence...

Tous les grands mentors (souvent Américains, mais maintenant il y a quelques Français aussi) du développement personnel, sont unanimes sur ce point.

Toutes les biographies de grands hommes soulignent également la chose.

C'est dans l'action que se bâtissent toutes les réussites.

Cela peut paraître une évidence que seule l'action produit des résultats, mais l'idée défendue ici est plus précise. Elle indique qu'au-delà du résultat direct d'une action (échec, réussite...) c'est un processus qui se met en marche. Chaque action étant elle-même porteuse de sens, d'enseignement et produisant une réaction en chaîne qui déclenche des forces insoupçonnables à l'origine.

L'action est en fait un mode d'apprentissage par essai / erreur. Rappelez vous la citation de Lacan au KOAN 24 : "La réalité c'est quand on se cogne". Dans un registre plus populaire, dans le film "Batman begins" (2005) lorsque le futur héros encore enfant tombe dans un puits et que son père le récupère avec une jambe cassée il lui dit : "pourquoi tombons-nous? Pour mieux apprendre à nous relever". Cet extrait cinématographique résume tout!

Et moi-même qui suis consultant et qui vit donc en vendant, de la réflexion, de l'étude, de la prise de recul à mes clients, je vous le dis comme je le dis haut et fort à mes clients:

A-g-iss-ez! Agir consiste à expérimenter, ce qui n'a rien d'incompatible avec la démarche d'étude de réflexion, ou de recherche. Comment fonctionne la recherche? Certes on réfléchit beaucoup, mais après avoir fait un état de l'art et avoir posé des hypothèses, la démarche scientifique impose l'action par l'expérimentation, qui seule permettra de valider, d'invalider ou de préciser les hypothèses de départ.

Quand vous avez un doute: Agissez, expérimentez...et préparez vous éventuellement à prendre une baffe! Vous souvenez-vous, quand vous étiez enfant, combien de fois vous avez essayé avant de réussir à faire du vélo sans stabilisateurs, ou tout simplement d'apprendre à marcher? Probablement pas mais vous avez expérimenté, corrigé, subi d'innombrables défaites, puis vaincu.

C'est la même chose pour chaque domaine de votre entreprise. Il faut juste prendre quelques précautions pour que les baffes que vous prendrez soient supportables et ne mettent pas la vie de l'entreprise en danger.

PERSO DIRIGEANT

100 Jours pour changer ma boite!
Les KOANS de la sagesse stratégique

102

"La diversification du rechercheras"

La diversification est à la fois un sujet plein de fantasmes et absolument passionnant.

De quoi parle-t-on quand on évoque la diversification? De la possibilité d'un avenir meilleur, des lendemains qui chantent. Quoi de plus passionnant, exaltant, enthousiasmant, mais aussi sujet à rêverie stérile?

En la matière, les déceptions sont souvent à la hauteur des espérances suscitées.

J'ai beaucoup travaillé sur ce sujet avec de très nombreux clients et j'ai pu mesurer à quel point la diversification est à l'entreprise ce que la bonne santé est à l'être humain: quand on l'a, on ne s'en aperçoit pas forcément.

D'abord il y a les cas chroniques (évoqués dans le KOAN 68): Les entreprises de sous-traitance (industrie et services) sont souvent fortement dépendantes d'un secteur d'activité et, encore pire, d'un client. J'ai travaillé avec des dizaines de PME n'ayant que quelques clients, dont le principal pesait parfois plus de 80% du chiffre d'affaires (aéronautique, automobile, énergie...). La même chose existe dans l'agro alimentaire ou dans le textile vis-à-vis des enseignes de distribution. Dans ces cas, l'entreprise perd le contrôle de son destin, partiellement et parfois totalement. Alors, le dirigeant, cumule tous les inconvénients. Ceux de son indépendance (responsabilité sociale, risque de disparition...) et ceux d'un salarié (pouvoir de décision limité, contraintes imposées...). A quelques rares exceptions près (entreprises hyper focalisées sur un secteur mais différenciées par une technologie ou une marque ou un savoir faire) je recommande vivement d'en sortir le plus rapidement possible et de mettre en œuvre un plan pour cela!

Puis il y a les cas moins aigus, plus diffus, mais qui doivent alerter le dirigeant d'entreprise. Même lorsque vous avez un grand nombre de clients, si votre activité est dépendante d'un secteur (automobile, médical, bâtiment), d'un fournisseur (j'ai connu un dépôt de bilan pour cette raison, voir KOAN 69), d'un accès géographique (zone commerciale, sens d'une rue...), d'une technologie, ou de toute autre chose.

Alors le mot d'ordre est lancé, diversifions!

Mais attention parce que lorsqu'on entre dans une réflexion autour de la diversification on est guetté par de nombreux dangers, à commencer par l'illusion, puis la désillusion. C'est bien connu, "l'herbe est toujours plus verte dans le pré d'à côté". J'ai vu beaucoup d'entreprises perdre une énergie folle à vouloir poursuivre les chimères de lendemains qui chantent dans un autre secteur d'activité, une autre zone géographique, une autre technologie.

Méfiez vous des erreurs d'analyse. Si vous êtes mauvais dans votre secteur, ne croyez pas que vous serez bons dans un autre secteur. Ce sera pire car vous n'aurez pas les bons repères. Dans les autre cas, entamez une réflexion systématique en raisonnant autour de couples Produits/Marchés ou Technologies/marchés selon les secteurs. Vous avez vos produits actuels et vos produits futurs. Même chose pour les marchés. En croisant les deux cela vous donne quatre cas possibles de diversification. On n'a pas le temps de développer, dans cet ouvrage, mais vous trouverez tout sur web à propos de ce genre d'analyse. Ne vous en privez surtout pas.

STRATEGIE

"Une gestion budgétaire dès que possible, en place tu mettras"

Bien entendu, ce KOAN s'adresse aux PME et TPE dans lesquelles la présence d'outils efficaces de gestion ne va pas de soi. Les ETI et Grandes Entreprises sont rompues à la gestion budgétaire par obligation, compte tenu de leur taille (encore que....).

La gestion budgétaire et son corollaire, la comptabilité budgétaire, sont de nature à réconcilier l'homme de Stratégie et de Marketing que je suis avec les comptables. Car enfin, voici un outil comptable qui ne se borne pas à couper les cheveux en quatre sur des points de détail passés, mais qui induit par nature, une projection dans le temps. Et qui dit projection dans le temps, dit nécessité d'un minimum de réflexion stratégique (si on voit à plusieurs années), ou tactique (si on reste sur l'horizon de l'année).

Ainsi, au-delà de tous les avantages intrinsèques de la gestion budgétaire (clarté, rigueur, possibilités de suivi des écarts...), il existe un bonus extraordinaire qui consiste à obliger l'entreprise à cette réflexion tactico-stratégique que j'évoquais précédemment.

Pour une entreprise qui n'a pas de véritable démarche stratégique avec analyse et plan à l'appui, la mise en place d'une comptabilité budgétaire peut être une excellente entrée en matière et un pas vers plus d'anticipation.

Bien entendu, là aussi, les démons de la complexification à outrance guettent. Vous pouvez vous perdre dans des usines à gaz totalement improductives. D'autant plus que le nécessaire suivi périodique d'une gestion budgétaire implique le recours à un outil informatique, introduisant un risque supplémentaire de dérive.

Méditez tous les KOANS précédents traitant de la planification ou de la mise en place d'outils informatiques et veillez bien à tenir compte des mises en garde qu'ils comprenaient. Mais une fois cette précaution prise, lancez vous dans la démarche, même en faisant simple. Vous ne le regretterez pas et vous constaterez plus tard que vous avez engagé votre entreprise dans un cercle vertueux de maturité et d'anticipation croissante.

GESTION FINANCES

"La GPEC tôt ou tard, en place tu mettras"

Dans la suite d'un KOAN destiné à la gestion budgétaire et à la nécessaire anticipation qu'elle induit, quoi de plus naturel que de parler de GPEC?

Cet acronyme désigne la Gestion Prévisionnelle des Emplois et des Compétences. En clair, la traduction de la stratégie dans le domaine des ressources humaines.

Je ne suis pas là pour me faire l'apôtre de telle ou telle méthode, de telle ou telle technique en la matière, ce domaine n'étant pas ma spécialité. Mais la stratégie, étant ma spécialité, je peux vous garantir, que si vous amorcez une réflexion (formelle ou non, ce n'est pas le problème) en matière d'anticipation de vos ressources humaines vous allez faire un bond en avant.

D'abord, si vous n'aviez pas vraiment de démarche stratégique au préalable, vous allez très vite vous apercevoir que pour faire de la GPEC il faut fatalement s'être projeté dans le temps et avoir imaginé son activité ainsi que ses besoins. Vous reviendrez donc aux fondamentaux: avoir une vision stratégique, modéliser son activité future, identifier les besoins en ressources, planifier…

Pour ceux qui avaient déjà une démarche stratégique engagée, vous trouverez là l'occasion de peaufiner le volet RH de votre travail.

Indépendamment des aspects stratégiques, la mise en place d'une GPEC va vous procurer des avantages opérationnels très profitables:

Clarification de l'organisation.

Identification des manques actuels ou à venir (hommes clé par exemple).

Anticipation sur les besoins de formation et par conséquent optimisation des actions.

Mais surtout, vous allez augmenter l'adéquation entre les personnes et les postes qu'elles occupent. Vous allez produire de l'efficacité et si tout se passe bien, du bonheur au travail.

Parce que la ressource humaine est la ressource la plus évolutive d'une entreprise. Parce qu'un collaborateur formé est plus efficace dans son travail. Parce qu'un collaborateur formé a le sentiment qu'on s'occupe de lui et qu'il représente une valeur pour son entreprise, vous devez sans attendre vous pencher sur la question. Et si vous n'avez pas envie d'entrer dans une démarche, trop structurée ce n'est pas grave, du moment que vous faites. Faire c'est imaginer les ressources dont vous aurez besoin en fonction des évolutions que vous prévoyez pour votre entreprise, c'est vérifier l'adéquation actuelle de ces ressources et, enfin c'est lancer des actions pour amener ces ressources au niveau souhaité. De toute façon vous payez quand même, alors autant utiliser les fonds de formation!

RH

100 Jours pour changer ma boite!
Les KOANS de la sagesse stratégique

105

"De ton cerveau les deux hémisphères tu utiliseras"

Vous connaissez certainement la théorie de spécialisation des hémisphères du cerveau qui dit en gros que la partie gauche de notre bulbe gélatineux abrite le versant cartésien, structuré, disons chiant de notre pensée. Alors que la partie droite héberge le clown, le poète ou encore le diablotin qui sommeille en chacun de nous.

C'est bien sûr un raccourci un peu osé, mais je laisse aux spécialistes le soin de vous expliquer tout cela avec toutes les nuances possibles.

Et à la limite, peu m'importent les chicaneries scientifiques à propos de ce que fait ou ne fait pas telle ou telle partie du cerveau, car on s'aperçoit avec les progrès des outils d'imagerie que bon nombre de vérités scientifiques d'autrefois volent en éclat à l'épreuve des images en temps réel.

Ce qui m'intéresse c'est la symbolique de cette image que je trouve très intéressante. Finalement, en caricaturant un peu, le cerveau gauche est l'emmerdeur qui nous oblige à rentrer dans le rang, faire les choses comme il faut, aborder les sujets méthodiquement, un par un. A l'opposé, le cerveau droit ne répond pas à la logique "scolaire", il fonctionne bizarrement, par fulgurances, par associations d'idées.

Il existe des tas de méthodes, de techniques et autant de prestataires pour vous aider à découvrir et activer cette partie passionnante de votre être si ce n'est déjà fait. Mais encore une fois, avant même d'avoir recours à tout le savoir extérieur, ce qui importe c'est votre propre prise de conscience et votre désir de progresser en la matière. Comme je l'ai déjà souligné dans le KOAN 91 sur les outils de Mind Mapping j'ai plutôt été formaté à la pensée cartésienne et il m'a fallu de gros efforts pour accéder à d'autres modes de fonctionnement intellectuel.

Faites en donc de même si vous êtes comme moi. Essayez de voir ce qu'il y a " de l'autre côté du miroir" en abordant certains sujets (de votre choix) d'une façon totalement inhabituelle et en vous ralliant aux adeptes du cerveau droit qui vous expliqueront comment faire.

Et pour ceux qui sont plutôt de l'autre côté naturellement et qui sont souvent plutôt handicapés dans le monde de l'entreprise, n'oubliez pas que le raisonnement cartésien existe aussi et a du bon.

Alors je suis strictement incapable de vous indiquer la bonne proportion entre les deux voies de fonctionnement (20/80, 50/50, 70/30...?) et le simple fait d'appréhender la question en ces termes est probablement déjà biaisé puisqu'il appartient à une des deux voies (devinez laquelle). Ce qui me semble fondamental pour un dirigeant d'entreprise, un indépendant c'est simplement de garder en permanence à l'esprit que les plus performants sont ceux qui savent faire appel aux deux voies en fonction des besoins. Croyez-vous que Steve Jobs ou Thomas Edisson étaient seulement des rêveurs fous créatifs? Non ils étaient également de redoutables organisateurs, tenaces et rigoureux. Dites vous que cette dualité doit exister autant que possible en vous, mais si vous avez du mal, soyez rassurés car il suffit alors de permettre à la dualité de s'exprimer dans l'entreprise. Vous êtes un cartésien indécrottable? Travaillez donc avec un ou deux fous furieux, bordéliques. Inversement….inutile de vous expliquer, vous avez compris.

PERSO DIRIGEANT

"Les moyens de ta stratégie et non pas la stratégie de tes moyens tu auras"

Etudiant à l'Ecole de Commerce de Toulouse, un jour j'entendis un professeur, nous asséner cette phrase: " Il faut avoir les moyens de sa stratégique et pas la stratégie de ses moyens". Après que cette douce mélopée ait traversé mon cerveau embrumé de jeune idiot dubitatif et bien que j'eus plutôt apprécié ce professeur, je me suis dit: "tiens, encore une phrase de prof-consultant-intello". En effet, la contrepèterie avait fière allure mais je n'y voyais rien d'autre qu'un effet de style un peu facile.

Erreur grossière car je n'avais absolument pas saisi la profondeur de cette recommandation. Et ce n'est que de nombreuses années plus tard que j'ai pu mesurer à quel point, cette phrase longtemps oubliée, portait en elle-même l'une des idées les plus simples et les plus puissantes de la pensée stratégique.

Mise à part la suspicion d'effet de style, l'autre objection qu'on peut faire à cette phrase porte sur le fond; et je l'ai entendue maintes fois, sous des formes variées : "C'est bien beau d'affirmer cela, mais tout le monde n'a pas les moyens dont il rêverait". "Comme si on pouvait, par enchantement réunir les moyens dont on a besoin". "Il faut apprendre à faire avec ce qu'on a"...

Mais c'est, ne rien comprendre à la portée quasi philosophique de la sentence. C'est, ne pas comprendre que la réflexion stratégique doit avant tout être l'occasion de faire preuve de liberté, d'indépendance, d'autonomie de l'esprit. Sinon on ne fait pas de la Stratégie avec un grand S, on fait de la gestion (avec un petit g).

Le privilège du stratège c'est qu'il a le droit de rêver. Pardon, le devoir de rêver. Vous savez bien que toutes les grandes réussites ont un rêve à leur origine. Vous savez bien que tous les grands créateurs ou capitaines d'industrie on été traités de rêveurs au départ de leur aventure.

Mais ne vous trompez pas et n'allez pas croire que ce KOAN est réservé aux fêlés du casque qui ont des rêves fous et dont seuls quelques uns réussiront. Non, ce KOAN concerne toute entreprise, il <u>vous</u> concerne même si vous n'avez pas pour projet de conquérir la planète. Tout simplement parce que l'exercice intellectuel est le même, qu'on veuille créer Facebook ou sa "petite" boite, aussi petite soit elle. Il s'agit de sortir du cadre (voir KOAN 73) et de donner la primeur au projet au lieu de donner la primeur aux contraintes (voir KOAN 25).

Alors maintenant, oubliez un instant le quotidien, les contraintes, les "ce n'est pas possible". Et revenez à l'essentiel, ce qui vous fait envie, ce que vous aimeriez accomplir si rien ne vous arrêtait (voir KOAN 25). Demandez-vous ensuite quels seraient les moyens nécessaires pour y arriver. Et demandez-vous enfin qui pourrait vous aider à lever ces moyens. Ce petit voyage dans le monde du possible, ne vous coûtera rien et vous apportera tant! Pour certains il débouchera peut-être vers un nouveau grand projet. Pour d'autres il lèvera certains obstacles et permettra des avancées partielles. Et même si vous revenez ensuite au périmètre étriqué des moyens actuels, vous aurez pris une bouffée d'air pur qui décuplera vos énergies.

STRATEGIE

100 Jours pour changer ma boite!
Les KOANS de la sagesse stratégique

107

Remise en ordre

Comme indiqué dans l'introduction du livre, ce chapitre est destiné aux incorrigibles cartésiens (dont j'ai fait longtemps partie) qui ont absolument besoin de ranger tout dans des cases et ensuite d'ordonner les cases dans une suite logique, cohérente, rationnelle, pertinente, judicieuse, construite, crédible, sérieuse....bon je m'arrête. N'y voyez aucun sarcasme je tente juste de montrer à quel point on a parfois tendance à s'enfermer dans des "postures" idéologiques. Or la réalité nous montre souvent qu'il existe d'autres façons de faire et qu'il est finalement vain de les mettre en concurrence, de les opposer. Elles sont là tout simplement, alors essayons d'en tirer le meilleur. Bien entendu ce raisonnement fonctionne dans les deux sens et exige donc aussi le respect de la voie cartésienne.

L'ordre des catégories n'est pas absolu et indiscutable. La première (Stratégie) me semble évidente puisqu'elle est le "chapeau", l'élément structurant de tout le reste. Ensuite, j'ai positionné la catégorie "Perso Dirigeant" puisque c'est sur lui que tout repose, au départ au moins. Pour les autres catégories, j'ai obéi à mon feeling personnel, mais bien entendu, il n'y a aucune hiérarchie et chaque thème doit être appréhendé de façon holistique, comme un élément indissociable d'un tout.

A l'intérieur d'un thème, les KOANS ne sont pas ordonnés spécifiquement, ils sont restés dans l'ordre d'apparition du livre, par jour.

KOANS STRATEGIE

C'est évidemment "la mère des catégories" tant elle est structurante et transversale à toutes les autres. N'oubliez jamais que toute entité économique quelle que soit sa taille, se doit **absolument** d'avoir une stratégie, aussi simple soit elle. Si vous n'en n'avez pas commencez par ça.

Jour 1	Pour commencer, ton premier cercle tu constitueras
Jour 2	Tes propres valeurs en priorité tu identifieras
Jour 3	Ton terrain de jeu du définiras
Jour 13	A l'analyse de Porter tu te soumettras
Jour 19	La veille stratégique tu pratiqueras
Jour 22	La mondialisation, dans ton analyse tu intègreras
Jour 25	De ta boite, la vision tu partageras
Jour 28	A l'analyse SWOT tu te prêteras
Jour 31	La différenciation sans cesse tu chercheras
Jour 40	Un plan stratégique tu rédigeras
Jour 44	Les événements tu provoqueras
Jour 46	Des plans d'action datés tu imposeras
Jour 54	The Big Picture à l'esprit tu garderas
Jour 61	Des alliances point tu n'auras peur
Jour 68	De la dépendance client tu t'affranchiras
Jour 69	De la dépendance fournisseur tu te préserveras
Jour 71	De la concurrence tu t'inspireras
Jour 79	Les facteurs d'environnement tu analyseras
Jour 80	La chaîne de valeur, périodiquement tu examineras
Jour 86	Les facteurs clés de succès dans ton métier tu identifieras
Jour 92	Une stratégie d'approvisionnement tu définiras
Jour 96	La diversification tu rechercheras
Jour 100	Les moyens de ta stratégie et non pas la stratégie de tes moyens tu auras

KOANS PERSO DIRIGEANT

Bien entendu, le dirigeant n'est pas seul dans son entreprise, et loin de moi l'idée de minimiser le rôle du collectif, des collaborateurs. D'ailleurs dans les KOANS de la catégorie RH je montre à quel point il faut attacher de l'importance aux collaborateurs et à leur bien être. Mais la vérité est ainsi faite ; dans toute organisation et à fortiori dans une entreprise privée le dirigeant est le pivot central, celui qui donne l'impulsion. Vous devez donc impérativement travailler sur vous-même si vous voulez améliorer le fonctionnement de votre entreprise. Quelle que soit la situation, vous êtes responsable. Oubliez l'URSSAF, les impôts, les syndicats, la mentalité des uns et des autres… vous êtes seuls responsables. Alors, à vous de dealer avec tout ça!

Jour 23	Ton style de management en cause tu remettras
Jour 24	Ta responsabilité sans restriction tu assumeras
Jour 27	Au "fun" une petite place tu laisseras
Jour 38	De chaque difficulté, le versant positif tu chercheras
Jour 39	Tes objectifs personnels, tu visualiseras
Jour 41	A ta gestion du temps une grande attention du porteras
Jour 42	Des circonstances jamais tu ne te plaindras
Jour 48	Une bonne condition physique tu conserveras
Jour 49	Des relations publiques un maître tu deviendras
Jour 56	Des consultants à te servir tu apprendras
Jour 59	Des réseaux sociaux tes alliés tu feras
Jour 66	Sur l'essentiel tu te concentreras
Jour 74	En voyage régulièrement tu partiras
Jour 76	Ta résistance à l'échec tu amélioreras
Jour 78	La fable du loup et du chien tu méditeras
Jour 82	Les tristes sires point tu n'écouteras
Jour 87	L'imperfection tu accepteras
Jour 88	The extra mile tu franchiras
Jour 89	Tes propres erreurs tu béniras
Jour 94	Tes vraies forces tu identifieras
Jour 95	Le goût pour l'action concrète tu cultiveras
Jour 99	De ton cerveau les deux hémisphères tu utiliseras

KOANS MARKETING/VENTES

Evidemment, la fonction Marketing/Ventes étant ma spécialité, je ne la renierai pas. Vous constaterez tout de même que je n'ai pas fait de favoritisme et qu'elle n'a pas une place démesurée dans l'ouvrage. Juste ce qu'il faut.

Jour 4	De tes commerciaux les pieds tu baiseras
Jour 5	A tes commerciaux le bâton tu donneras
Jour 8	Le Marketing jamais tu n'oublieras
Jour 9	Le CRM, au moins tu essaieras
Jour 10	Du CRM comme la peste tu te méfieras
Jour 12	De tes clients, les paroles tu boiras
Jour 21	Tes concurrents sans cesse tu analyseras
Jour 33	Un petit client jamais tu ne négligeras
Jour 43	La culture client à tes équipes tu insuffleras
Jour 45	Sur le terrain commercial fréquemment tu te rendras
Jour 60	Dans la communication tu investiras
Jour 63	Les statistiques de vente de près tu suivras

KOANS ORGANISATION

Dans ce domaine, peut-être plus que dans les autres, sévissent toutes sortes de concepts "magiques", de méthodes miracle. Alors, attention, sujet à aborder avec distance et lucidité.

Jour 7	De l'assurance qualité, le meilleur tu puiseras
Jour 32	Des systèmes qualité tu te méfieras
Jour 36	Le 5S à toi-même d'abord tu t'imposeras
Jour 51	L'amélioration continue tu pratiqueras
Jour 52	Les TIC à fond tu exploiteras
Jour 53	Des TIC tu te méfieras
Jour 62	Ton système d'information tu bichonneras
Jour 64	L'entreprise étendue tu appréhenderas
Jour 67	La complexité comme la peste tu fuiras
Jour 77	Des méthodes miracle tu te méfieras
Jour 84	Un ERP (ou équivalent) tu installeras
Jour 85	D'un ERP comme la peste tu te méfieras
Jour 91	Les outils de Mind-mapping tu essaieras

KOANS INNOVATION

Celle là mériterait un ouvrage à elle seule, tant elle est importante surtout dans le contexte actuel. Mais pour être cohérent avec l'esprit de l'ouvrage, je suis resté au niveau des principes. Si vous y adhérez, je sais que vous trouverez tous seuls, les bons chemins, les bons outils, les bonnes pratiques en la matière.

Jour 11   De l'innovation tu t'enivreras
Jour 18   Les structures d'interface, à fond tu utiliseras
Jour 50   Aux greentechs tu t'intéresseras
Jour 73   La créativité sans cesse tu cultiveras

KOANS GESTION FINANCES

Evidemment, ça, c'est la partie rugueuse de la stratégie d'entreprise. Mais sans un minimum de maitrise du sujet, rien n'est possible. Alors au boulot!

Jour 6   A ton comptable le bec tu cloueras
Jour 14   La trésorerie comme le lait sur le feu tu surveilleras
Jour 15   Tes capitaux propres sans cesse tu consolideras
Jour 16   Tes actionnaires à distance tu tiendras
Jour 20   Des indicateurs en place tu mettras
Jour 26   A ton banquier jamais tu ne te fieras
Jour 35   Aux courbes et lois tu t'intéresseras
Jour 37   Les courbes en S tu chériras
Jour 55   Le modèle de Pareto tu utiliseras
Jour 57   Les fonds publics à bon escient, mais sans vergogne tu utiliseras
Jour 72   Des stocks toujours tu te méfieras
Jour 81   Une comptabilité analytique en œuvre tu mettras
Jour 90   La loi normale tu utiliseras
Jour 97   Une gestion budgétaire dès que possible, en place tu mettras

KOANS RH

Sans vos hommes votre entreprise n'est pas grand-chose. Qu'ils soient internes ou externes, vos collaborateurs vous permettent de vous démultiplier dans le temps et dans l'espace. Ils vous offrent le don d'ubiquité, alors n'en perdez pas une miette.

Jour 17   Dans la formation systématiquement tu investiras
Jour 29   La délégation avec enthousiasme tu pratiqueras
Jour 30   Aux personnes profondément tu t'intéresseras
Jour 34   Des strokes positifs et négatifs à discrétion tu distribueras
Jour 47   Le principe de Peter tu étudieras
Jour 58   Aux conditions de travail, une attention particulière tu apporteras
Jour 65   La culture et le beau dans ton entreprise tu laisseras entrer
Jour 70   Les hommes clés tu identifieras
Jour 75   Les petits et les sans grade souvent tu écouteras
Jour 83   La mixité dans ton entreprise tu cultiveras
Jour 93   De la loi de Parkinson, avisé tu seras
Jour 98   La GPEC tôt ou tard, en place tu mettras

100 Jours pour changer ma boite!